令和型不登校対応マップ

対応マップ

ゼロからわかる
予防と支援ガイド

JN048134

千葉孝司 著

明治図書

　令和になり，不登校の子どもは爆発的に増えています。しかし子ども
を支える専門的な知識や技能を持っている大人が，急速に増えているわ
けではありません。

　日本全国，あちこちで多くの子どもが，「なんで行かないんだ」と責
められたり，「怠けているだけなんだ」と自分を責めたり……。そんな
様子が目に浮かびます。

　「なんとしてでも学校に行かせよう。」

　そう大人が考えるのは，心の中に不安があるからです。しかし，

　「どうしても学校に行けない。」

　そう考える子どももまた心の中に不安を抱えています。

　そして両者の不安は相まって，より増大します。不安は怒りや落ち込
みへと変化し，余計に子どもはすくんでしまいます。

　本書では先の見えない状態に光が差し込むように，「不登校対応マッ
プ」という地図を考案しました。その地図は大人用と子ども用があり，
重なり合うように出来ています。子どもだけを変えようとするのではな
く，大人が先に変わる。そのことによって，両者がこの地図を頼りに先
に進んでいくことができます。

不登校は
つまずいた子どもと
困っている保護者と
未熟な教師がいるだけ
ただそれだけ

そう思ってこれまで不登校の子どもにかかわり続けてきました。もちろん未熟な教師というのは私自身を指す言葉です。

　30年あまりの教師生活の中で，たくさんの不登校生徒に接し，対応のコツのようなものが見えてきました。

　それは誰も責めないということです。

　教師が子どもを責めたり，保護者が教師を責めたりといった中で，子どもがポジティブに動き出すのは難しいものです。かけがえのない子どもの人生の一時期を笑顔で一緒に歩んでいくことが大切です。その中で子どもの自信は育まれていきます。

　不登校は「今日の自信」と「明日の不安」が天秤のようにゆれ，不安が大きく重くなった状態です。大人が暗く，つらそうな表情でいると，子どもは学校に行っていないせいだと自分を責めることでしょう。それは子どもの自信やエネルギーを奪います。

　原因を取り除くという引き算の発想ではなく，一時的に枯渇してしまったものを加えていくという足し算の発想が必要です。

　本書は「不登校対応マップ　ゼロからわかる予防と支援ガイド」というタイトルをつけさせていただきました。

　時には考えを白紙に戻し，時には180度転換させ，ゼロから柔軟に本書を読み進めていただけると幸いです。

Contents

第2章　予防と前兆期の対応

第3章　第1ステージへの対応

第4章　第2ステージの支援

第5章　学校に行けない理由

第6章　不安と負担を減らす学級づくり

START
序章
令和型不登校とは

問題は子ども？学校？

　突然ですが，非行少年と聞くと問題の原因はどこにあると思いますか。

　子ども本人？それとも家庭，学校でしょうか？

　多くの人は家庭環境や成育歴など，子ども自身に関することに問題があると考えることでしょう。

　非行少年の出現は，社会や学校に適応できないことに端を発します。学校にいることで，本人が抱えきれない不安や負担を強いられ，それに抗うために，集団で問題行動を繰り広げました。学校がそれを力で押さえつけようすると，かえって問題は悪化したものです。そもそも子どもの特性や願いを無視し，厳しい校則で縛り，一律に管理することには無理があったのです。

　昨今，教育現場では，発達の特性に関する知識が深まり，必要な配慮がなされるようになりました。個に応じた指導が重視されるようになってから，かつてのような非行少年たちは，ほとんど見られなくなりました。

　問題の原因はどこにあったのでしょうか？

　不登校と聞くと，問題の原因はどこにあると思いますか。

　子ども本人？それとも家庭，学校でしょうか？

　当事者側からすると学校側の問題は看過できないでしょうが，社会の目は家庭環境や成育歴など子ども自身に関することに目が向きがちです。

　もちろん不登校も多様であり，一律に考えることは難しいものです。しかし現在の激増する不登校の状態から鑑みると，学校に原因の一端があることは明白です。不登校の原因を子ども本人に起因するのではと一面的にとらえたことが，昨今の不登校の増大を生んでいると私は考えます。

　いつの時代にも，不安や負担で困っている子どもたちは大勢います。かつての不安や負担は，**集団での反抗**という誰の目にも明らかな形で現れました。今は**個人での回避**という形で静かに現れています。

　もちろん個々の子どもの事情や環境に起因するものもあるでしょうが，根本的には，**不登校の本質は学校文化と子どもとのミスマッチであると私は考えています。**

　学校はかつての子どもの姿を元に仕組みを構築します。ところが社会の変化は子どもの姿を大きく変えました。子どもと学校それぞれのニーズに食い違いが生じ，その相性が極端に合わなくなってきています。

令和型不登校の出現

　新型コロナウイルスが発生し，猛威を振るっている間，教室には多くの空席が出来ました。感染している子ども，家族が感染している子ども，感染が不安な子ども，風邪症状がある子ども……。様々な子ども達の座席です。ところが，新型コロナウイルスが一定の収まりを見せても，教室の空席は埋まりませんでした。それどころか新たな空席も生まれています。「いったいどうなっているんだ」と学校現場では多くの教師が頭を抱えました。やがて，それが自分たちの学校だけの問題ではないことに気づきます。

　現在，不登校が深刻な社会問題になっています。そうなると世の中は，原因を探し始めます。手っ取り早い結論はコロナ禍での生活となるのでしょうが，原因は，社会の変化，家庭の変化，地域の変化，

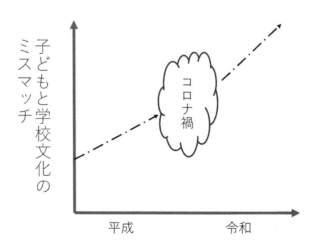

子どもの変化，学校の変化……。多くの要因が複合的に絡み合って不登校の増大をもたらしたと言えるでしょう。

　もちろんコロナ禍での生活は不登校の増加に影響を与えているでしょうが，乱暴に言ってしまうと，この20年で社会に起きた変化の多くが不登校の増加に影響を与えているとも言えます。その変化は学校文化と子どもとの相性の悪さ，ミスマッチを増大させ続けています。

　ところがコロナ禍によって，まるで雲に覆われたかのように，そのミスマッチは人々の目に見えなくなりました。

　そして雲が晴れると，そのミスマッチは激増する不登校という形で人々の目にとまりました。しかし，その増加はこれまでの延長線上にあり，コロナ禍によって，増加の速度が増しただけのように感じます。

　本書では，令和になって大きくクローズアップされている不登校を令和型不登校と呼びたいと思います。

・令和の子どもたちの育ちや特性
・全員が一緒に同じペースでやるという学校

　この両者の相性が極度に悪化していることで増加に拍車がかかる不登校。本章では令和型不登校の要因や特徴について考えていきます。

コロナ禍で何が変わったのか

　大人にとっても子どもにとっても休みはうれしいものです。夏休み前にもなると子どもたちは「夏休みが楽しみだ」と目を輝かせます。その反面，「学校がないからつまらない」という声も聞かれたものです。教育相談で「学校はどうだい？」と一人一人に聞くと，ほとんどの生徒は開口一番「楽しい！」と答えました。ところが最近，この「学校が楽しい！」という子ど

もたちの感覚が弱まっているように感じます。

　新型コロナウイルスによって，世界は大きく様変わりし，人と人とのつながりは特にダメージを負いました。それは子どもたちの世界も同様です。コミュニケーションというと大人は会話を思い浮かべますが，子どもたちにとってのコミュニケーションは，もっと身体的なものです。肩を組んだり，つっついてちょっかいをかけたり，背中を軽くたたいたり……。何も口にしなくても，そっと背中を撫でられれば安心を感じられるものです。そんなコミュニケーションの体験不足は，様々な問題を引き起こします。

　また給食は楽しく会話をするものから，一人で黙って食べるものへと変化しました。一緒に食事をすることで，人は打ち解けることができます。黙々と食べることで緊張がゆるむ時間が，そうでなくなってしまいました。

　そしてマスクでの生活は，人間関係の希薄さに追い打ちをかけました。コロナ以前であれば元気のない表情をしている子どもがいれば，「どうしたの？何かあった？」と廊下ですれ違いざま教師が声をかけるのが常でした。しかしマスクをつけた生活で，互いの表情が読み取りにくくなり，心境の変化はキャッチしにくくなりました。明らかに，学校ではコミュニケーションの質や量が低下しました。（これはコロナに関わらず，これから慢性的なものになっていくことでしょうが。）

　しかし，このコロナ禍での生活をあまり苦にしない子どももいます。それは人とのコミュニケーションが苦手な子どもたち，もともと「学校に行きたくない」という思いが強かった子どもたちです。仮に不登校予備群と呼ぶことにします。

　彼らにとってコロナ禍の生活が続くことは，コミュニケーションの苦手さに直面する場面も少なく，短期的には楽だったのかもしれません。しかしコミュニケーションの機会を奪われることで，長期的にはさらに集団生活が苦しくなっていくことでしょう。そしてコロナ禍の生活に適応していくことは，不登校予備群の生活に近づいていくことを意味します。

　またコロナ禍の生活では，体調がすぐれないときはすぐに欠席や早退を奨

励されました。これによって，学校を休むことの抵抗感，欠席することへの
ハードルは下がっています。

予防には何が必要か

　人に甘えることや人と遊ぶこと，人といることで安心すること。これらの
営みは，貯金のように蓄積され，人格を形作っていきます。これらがあるか
らこそ人とコミュニケーションをする気持ちや主体的に何かをしようとする
意欲が生まれ

てきます。
　甘え貯金，
遊び貯金，安
心貯金，とい
った貯金の残
高不足は，学
校という集団
生活で様々な
不安を引き起
こします。

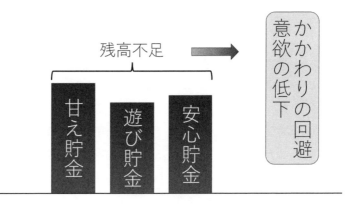

・みんなに受け入れられるかな。
・人に何かをしてもらうのは悪いな。
・人に話しかけるのは嫌だな。
・やらなければならないことが多いけど，自分に出来るかな。

　これらの不安は，すすんで何かをしようという気持ちを失わせます。主体
的に過ごせない空間，自己決定できない空間は，居心地の悪いものです。そ
んな場所で「とにかく目立ちたくない」「目立たないようにしよう」という

思いで生活する生徒も少なくありません。

　心の貯蓄不足が不安を引き起こすということを述べてきました。
　甘えること，遊ぶこと，安心すること。これらの大切さについて再度触れ
ておきます。
　甘えるという言葉には，ネガティブなイメージを持つ人もいるかもしれま
せん。甘えるというのは，安心して委ね依存するということです。人は甘え
ることなくして成長することが出来ません。

　人に依存し，してもらっている
　↓
　一緒にするようになる
　↓
　自分自身でできるようになる
　↓
　人にしてあげられるようになる
　成長はこのようなステップをたどっていきます。人に甘えられるからこそ，
人を信頼することや自分自身の価値を感じることができます。

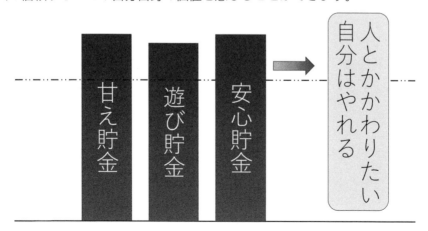

甘え貯金　遊び貯金　安心貯金　→　人とかかわりたい　自分はやれる

また人と遊ぶからこそ，その中でルールを身に着けることができます。人と遊んで楽しかったという思いがあるからこそ，人とかかわろうとする意欲が生まれます。

　さらに安心できる人間関係や場所があるからこそ，そこを安全の基地として探検に出発することができます。安全の基地とはありのままの自分自身を否定されず，存在が肯定される場所です。いつでもそこに戻れるという思いがあるからこそ，人は新しい場所に挑むことが出来ます。

　コロナ禍の生活では大人の生活にも大きな影響を与えました。総じて大人社会から余裕が失われたと言ってもいいでしょう。大人に余裕がない状態で，子どもを甘えさせ，一緒に遊び，安心を与えることは難しいものです。これらは子ども同士でもある程度補いあうことは出来るでしょうが，コミュニケーションの機会の減少で，それも難しくなっています。

　こうした心の貯金が不足している子どもの増加が，不登校の増加の大きな要因の一つになっていると私は考えます。

どう対応すればよいか

　甘え貯金，遊び貯金，安心貯金が不足しながら登校しているとどうなっていくのでしょう。

　学校に行く楽しさより，不安や負担が増えていきます。すると「学校に行きたくない」という気持ちが膨らんできます。やがて行かないという自発的な選択というよりは，行けないという状況に追い込まれます。

　人はそれぞれ得意不得意があります。ときに失敗があるのも当然です。安心貯金が不足していると，「失敗したらどうしよう」「笑われたりバカにされたりしたらどうしよう」という思いがふくらんでいきます。

　失敗したり，困った場面にあったりしたときに，甘え貯金が十分な子ども

は周囲に SOS を出せます。ところが甘え貯金が不足している子どもは，迷惑をかけるとか，そもそも声のかけ方がわからないといった理由で SOS が出せないものです。

　それでも学校生活で楽しいことがたくさんあれば，なんとか乗り切れるのかもしれません。遊び貯金が十分な子どもは，たとえ授業時間が楽しくなくても，休み時間や給食の時間に楽しみを見出せたのです。しかし遊び貯金が不足し，学校に楽しみが見いだせないと，ただただ苦しいことを耐える生活になってしまいます。

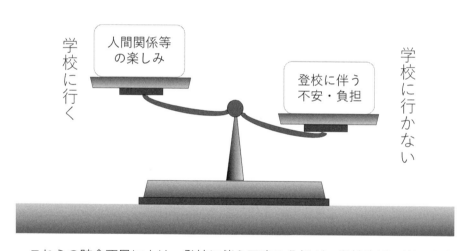

　これらの貯金不足により，登校に伴う不安や負担が，学校生活の楽しさよりも大きく重くなって不登校状態が生まれてきます。

　そうであれば対応方法も明らかになってくるのではないでしょうか。

　登校に伴う不安や負担を減らし，甘え貯金，遊び貯金，安心貯金といったものを貯えていきながら，意欲を増やすということになります。これらの貯えは自分を尊重してもらえるという安心感のもと，人とかかわることで増え

ていきます。

　不登校の子どもは，学校にいることで大きな不安や負担感を抱えます。では家にいると不安や負担感がなくなるのでしょうか。

　実際には登校していたときとは別の不安が湧き上がってくるものです。それは自分がみんなから置いていかれるという孤独感や絶望感です。将来への不安もあります。そこでインターネットやゲーム等で不安を紛らわせます。

　令和型不登校は，欠席することのハードルが低いことが特徴です。大人の目には簡単に休んでしまうように見えるはずです。そして家にいる子どもの姿は，学校に行かなくてはいけないという思いが弱く，楽しそうにしているように見えることでしょう。これは大人の目には怠けていると映るはずです。そこで叱責や説教をすることになるでしょう。

　しかし実際には，子どもは不安に蓋をしながら過ごしている状態です。大人が怠けていると感じ，叱ったり，説教したり，説得したところで効果はありません。高所恐怖症の人にバンジージャンプをさせようとして，叱ったり，説教したり，説得したところで効果がないのと一緒です。大人からの叱責は，子どもにとって不安をあおる内容です。そうすると益々不安で動けないという悪循環に陥ってしまうのです。

	休むことの罪悪感	学校生活の不安	大人からの登校刺激
これまでの不登校	強い	強い	やや弱い
令和型不登校	弱い	より強い	強い

　ここで，これまでの不登校と令和型の不登校の違いをまとめてみると右図のようになります。

　これまでの不登校と比べると令和型不登校の方が，大人からの登校の促し（登校刺激）がより強くなっているように感じます。（「自分の周囲には，そういう例はあまりない」という人ももちろんいることでしょうが。）

　これまでの不登校においても，段階を考慮しない登校刺激は，かえって子どもの状態を悪化させました。不登校の数が増大した現在では，さらに悪化させる事例は増えていることでしょう。

子どもと大人の思いを分けて考える

　これまでの不登校対応で効果的なものの多くは次の手順を踏んでいます。

〇**不安な心**を安定させる。
〇**自己決定**をさせる。
〇**心のエネルギー**とでもいうべきものを充電させる。
〇**スモールステップ**で再登校に挑戦させる。

　令和型の不登校対応では，これらに加えさらに次のものが必要です。

〇**自分が受け入れられている**という安心感を与える。
〇**現実を検討する力**を育む。
〇**人とかかわること**の楽しさと大切さを実感させる。

　不登校の対応の失敗例は日本全国に山ほどあります。

　叱責したら，ますます元気をなくした。
　説教したら，会話を避けるようになった。
　脅したら，病気がちで寝込むようになった。
　説得したら，反抗するようになった。
　それではしばらく静観しようと思っても，怒りがわいてきてまた叱責する。

　こんな繰り返しの沼にはまりがちです。

子どもの心のありようを無視して，大人の望む方向に子どもが動くことはありません。子どもの思いではなく大人の思いで動かそうとすれば，子どもは大人との会話を避けるようになります。部屋に閉じこもってしまうこともあります。

　心の矢印が家庭に向いているのに，学校の話をして登校を促しても，関係が悪くなるだけなのです。でもそのままにしておけないから，何とかして心の矢印を学校に向けさせようと考えるかもしれません。しかしその試みはうまくいかないことでしょう。

　心の矢印が家に向かっていれば，家でしかできないことをするのです。そのことで矢印は動きやすくなります。

　本書では，これまでの失敗を教訓化した不登校対応マップをもとに，令和型不登校の予防と対応を考えていきます。

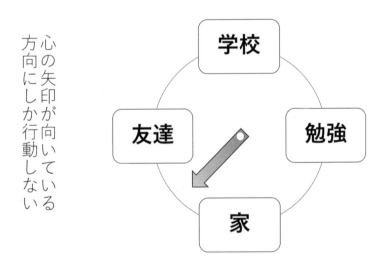

心の矢印が向いている方向にしか行動しない

第1章
不登校対応マップ

先が見えない苦しみ

　いつまでこの状態が続くだろう。

　先が見えなくてつらい。

　これは不登校にかかわる大人の苦しみの一つです。この状況を自分の手で変えられれば良いのですが，やってもやっても効果がなく，むしろ悪化していくように感じます。そうすると大人自身も無力感に苛まれます。

　いつまでこの状態が続くのか。

　この先どうなっていくのか。

　もし，それがわかる地図があればどうでしょう。その地図を頼りに迷わずに先に進むことができるのではないでしょうか。

　とはいえ不登校は個々のケースによって，原因も対応も様々です。しかし，多くの不登校の回復のプロセスを見ると，共通するものも浮かび上がってきます。

　本書では先が見えない苦しみを緩和し，迷いなく回復に向かうために不登校回復 MAP というツールを提案します。

不登校回復MAP

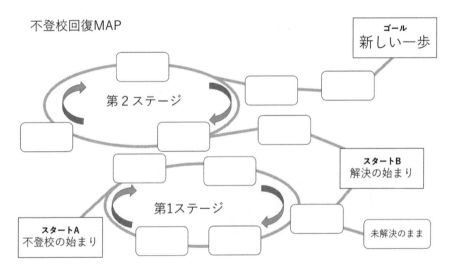

　不登校は，大人の思いと子どもの思いが絡み合うことで解決を難しくします。そこで両者の思いをきちんと分けて考えるために，子どもバージョンと大人バージョンの2種類を考案しました。それぞれが重なり合う関係であり，次のような枠組みは共通しています。

　特徴的なのは，スタート地点が2段階になっていることです。
　不登校が始まり悩み始めるのがスタートAです。
　スタートAから始まり，第1ステージを経て本当の解決への地点に立つのがスタートBです。
　子どもや大人が今どの地点にいて，どこに進めばよいのか。それがわかるようになっています。もちろん不登校の原因や様態は様々であり，同じ順で進むとは限りませんが，不登校になってからの多くの子どもと大人の反応を反映させています。

　この地図で言う大人は，親や先生をイメージしています。家から一歩も出ず，学校関係者に会おうとしない状態では，主として親が対応の中心になります。しかしながら先生もマップを基にそれを支えることができます。子どもが先生と会える状態であれば，親と先生が協同でマップを進んでいくことになります。
　考えてみてください。
　親と先生と子どもが知らない町の駅から出発します。もし，それぞれに別々の地図が渡されたら，同じ目的地にたどりつけるでしょうか。しかも目的地もそれぞれ微妙に違っているかもしれないのです。
　当然，別々の地図を渡されたら，同じ場所にたどりつくことは出来ません。家庭と学校が協力し合い，子どもの行く先を見通しながら，この不登校対応マップで進んでもらえたらと思います。
　それでは次ページのマップを見てみましょう。

不登校回復マップ子どもバージョン

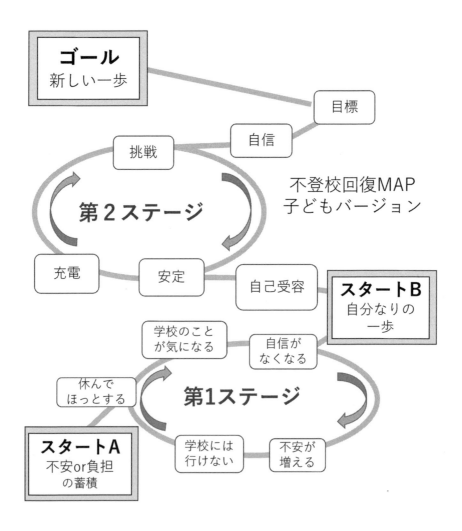

　不登校は，ある日突然休み始めるように見えても，本人の中に「不安」や「負担」が徐々にたまって起きます。（スタートA）

　不安や負担を本人が自覚していない場合もあります。知らず知らずのうちに蓄積される不安や負担は，心のエネルギーを奪います。また不安や負担から引き起こされる考えは，自分自身を苦しめます。不登校は心のエネルギー切れ，心の疲労骨折のようなものなのです。

　そして不安や負担が耐えきれなくなって，学校を休むことで，それを回避しようとします。それは頭で考えてそうしているというより，身体がブレーキをかけているといった感じでしょうか。身体が不安や負担で登校できない状態になります。

　そこで学校を休むことで，その不安や負担から離れます。

　しかし，また新たな不安が生まれます。

　学校のみんなは自分のことをどう思っているのだろう。

　勉強に遅れてしまうのではないか。

　みんなから取り残されるのではないか。

　将来，進学や就職して自立することが出来ないのではないか。

　不安や負担で登校できないのに，休むことによって新たな不安や心理的負担が発生します。そこでさらに登校できなくなり，さらに不安が増大し……。

　この悪循環が不登校の回復を難しくする根本です。そしてこの悪循環に拍車をかけるのが大人の言葉です。

　他のみんなは頑張って行っているんだよ。

　勉強に遅れてしまうよ。

　みんなから取り残されるよ。

　こんなことでは，進学や就職，自立することが出来ないよ。

これらの言葉もまた大人の不安から生まれるものです。しかし，それによって子どもの不安はさらに高まり，ますます登校が難しくなります。

　大人が不安から発した言葉は，それがどんなに正しい内容であっても，子どもの不安をかきたてるのです。そして不安は怒りに変わりやすいものです。大人も子どももイライラし，互いに傷つける言葉をぶつけることもよくあります。

　このときに子どもの心の矢印は家に向かっています。家にしがみつき固まってしまったような状態です。

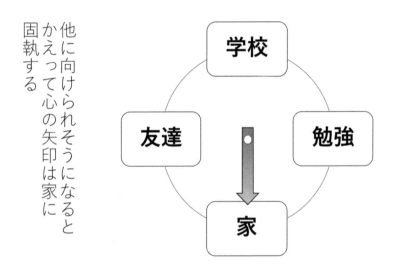

他に向けられそうになると
かえって心の矢印は家に
固執する

　そうなると第1ステージの泥沼のような悪循環に多くの子どもが陥ります。

この不安から生まれる循環を止める方法は一つしかありません。
それは今の状況に対しOKであると受け入れることです。
今の状況は仕方がない。
こういうこともある。
決して怠けているわけでも，甘えているわけでもないんだ。

自分の成長にとって必要な時期なんだ。
ここから立ち直った人も多くいる。
自分にも立ち直る力がある。
今やれることに取り組めば，それでいいんだ。

どこかの時点で，こんなふうに否定していた自分自身を受け入れることが出来れば，不安の連鎖は一旦止まります。（スタートB）

そこから自分自身の気持ちを受け入れ，心を安定させます。その上で元気を回復させ，挑戦します。それでもうまくいかず，気持ちを落ち着け，再挑戦していくという循環が始まります。（第2ステージ）

やがて再登校であったり，自分なりの新しい目標に向かって動き出したりということにつながっていきます。（ゴール）

これが回復までにたどる大まかな道筋ですが，子ども単独で回復することが難しいことがわかります。

大人が大人の立場からのみ考え，子どもを学校に行かせようと言う刺激を与え続ける限り，ステージ1から出ることは出来ません。大人の理解がどうしても必要です。

また受容され気持ちが安定したとしても，適切な支えがなければ，ステージ2から脱することも難しいのです。

不登校が長期化する陰には，変化しない大人の考えがあります。大人が，不登校状態を甘えや怠けととらえているうちは，子どもの気持ちは不安定なままです。その状態で心のエネルギーが充電されることは難しいのです。

不登校回復マップ子どもバージョンは，子どもがその道筋をたどる案内という意味もありますが，大人が認識を変えるための一助となればと思い，考案しています。

不登校回復マップ大人バージョン

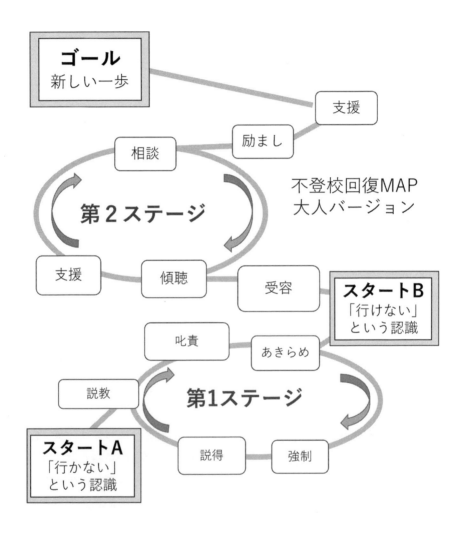

不登校回復MAP
大人バージョン

　子どもが学校に行かない状態になったとき，大人はそれを病気か怠けかどちらかだと考えます。

　でも見ているとどうやら病気ではなさそうだと感じます。となると怠け，甘えなのだろうと思います。

　何か嫌なことから逃げるために，学校に行かない。家にいる方が楽だから学校に行かない。そう考えます。

　そうなると説教をすることになります。

　みんな嫌でも行っているし，それを乗り越えてたくましくなるんだ。逃げるんじゃない。

　そういってしばらく様子を見ていても，変化の兆しが見えません。これは自分が甘いせいだ，厳しく言おうと考え，叱責します。そうすると子どもによっては反発したり，ますます元気がなくなったりと，状態は悪化します。それで強く言っても無駄だ。と考えすぐに登校させることをあきらめます。

　それでもやはり放っておくことも出来ずに，誰かから言ってもらおう，力ずくでも行かせようと子どもに強制したくなります。すると子どもは，ますます自室にこもるようになって，親とも顔を合わせようとしなくなります。そして穏やかに言って聞かせようと説得します。

　それでもやはり効果がないので叱責し……。

　この悪循環を繰り返すのがステージ1です。底なし沼にはまっていくようなつらく苦しい時期になります。自分自身の自信や周囲との関係も損なわれがちです。

　これはどこからスタートしているかという出発点の問題です。

　大人は学校に行くのが当たり前だと思っています。子どもが学校に通っているかぎり，大きな問題はないだろうと考えます。子どもにとっては登校することによって不安や負担が蓄積されていくことこそが大きな問題です。しかし大人にとっては，多かれ少なかれみんなが体験することであり，大きな問題ではないと考えます。

この「当たり前」という視点で見るかぎり，子どもは学校に行かないことを選択した許しがたい存在になってしまうのです。

　ただ，この第１ステージが長引けば長引くほど，子どもとの関係は悪化します。子ども自身のその後の回復も遅くなります。子どもが自力でスタートＢに到達することは難しく，大人が先にスタートＢに行く必要があります。また，大人が戻れば子どもも後退するというように，その歩みは連動するのです。

　第１ステージが長引くのは，つねに振り出しに戻っているからです。振り出しとは，学校に行かなくてはいけない。なのに学校に行かない。そんな考えです。行かないという状態が許せないから，それを変えようともがくけれど，必死にもがけばもがくほど，スタートＡという元の地点に戻るのです。

　スタートＢに進むためには，子どもは行かないのではなく行けないんだと悟ることです。怠けて行かないのであれば，教育が必要かもしれません。しかし行けないのであれば必要なのは，子どもを支えていくことです。

　子どもの気持ちを受け止め，安定させ，存在を肯定する。そんな覚悟を決めることが出来れば，スタートＢから再出発することが出来ます。

　大人自身がスタートＢに立てば，子どももやがてスタートＢに向かうことでしょう。

　そして子どもの気持ちを受け入れ，大人が第２ステージに入り，傾聴，支援，相談をくり返す中で，子どもの元気は回復していきます。やがて子ども自身も第２ステージに入って，不安が減り，エネルギーが充電されていきます。その際に，子どもが人との関係を楽しみ，人との関係で癒されるといった経験を積むことが大切です。その経験は自信や目標を持つことに直結するからです。

　そして心のエネルギーが充電されてくると，子どもが具体的な一歩を踏み出そうとする時期が来ます。大人は，それをそっと励まし支えます。

　このことでゴールである新しい一歩へと到達できるのです。

もし地図がなければ

　不登校回復マップの回復までの道のりは，単純な一本道ではありません。大人の対応次第で順調に回復していたものが，ふりだしに戻ることもあります。3つ進んで2つ戻ることもあります。まるですごろくのようです。

　それでも道筋を明示しているという意味で大きな効果を発揮します。もしも，この不登校回復マップがなければどうなっているでしょう。

　きっと大人はスタートを「子どもが学校に行かない」という認識から始めることでしょう。そして叱責と説得をくり返す悪循環にはまります。やがて，「この子は何を言っても行かないんだ」と悟り，「本人が行く気にならなければどうしようもない」とあきらめて放置することでしょう。あるいは本人を説得してくれる誰かを探し続けることになるのかもしれません。

　大人のあきらめには良いあきらめと悪いあきらめがあります。もう無理だと放置するようなあきらめは，子どもに絶望感を与えてしまうかもしれません。

　良いあきらめは，「大人が何を言っても無理なんだ。この子は，実は行かないんじゃなくて行けないんだ」と悟ることです。このマップがあれば，そういうものなんだという認識からスタートすることができます。

　「行かない」という認識から「行けない」という認識に到達するまでの悪循環が長ければ長いほど，その後の回復は遅くなります。それだけ子どもは自信を喪失し，消耗しているからです。人に会いたくないという思いも強まっています。自己否定や後悔で一杯だからです。

　子どもの回復を早くするためには，いかに「行かない」ではなく「行けない」というスタート地点に立つかです。それは子どもの問題ではなく，周囲の大人次第ということになります。

第2章
予防と前兆期の対応

ラストストロー現象

　不登校のきっかけは，人それぞれです。

　対人関係のつまずき

　学習面でのつまずき

　その内容を聞くと，そんなことでと思う人もいるかもしれません。きっかけは原因ではありません。

　ラストストロー現象という言葉があります。最後のワラという意味です。これはラクダが限界ギリギリの荷物を背負っていると，ワラを一本荷物に加えただけでも倒れてしまうということから来ています。

　突然，不登校になったと思われる子どもであっても，多くは前兆の時期があるものです。そして前兆の中，何かのきっかけで不登校になる子どもとそうでない子どもの違いは，それまで耐えてきた負荷の違いです。そして精神的負荷が積み重なっていく子どもとそうでない子どもの違いは，孤立状態にあるかどうかに左右されます。

　孤立と言うと教室で休み時間も一人でポツンと座っている子どもを思い浮かべることでしょう。そんな子どもを物理的に孤立している子どもと呼ぶことにします。それに加えて，集団の中にいても，信頼できる相手がいない，心休まるときがない，そんな子どもも心理的に孤立していると言ってもいいでしょう。何かのきっかけで不登校になりやすい子どもは何らかの孤立した状態にあるのです。

孤立の中で消耗する前兆期

　本書では繰り返し不登校の原因は不安と負担であると述べています。不安と負担は，物理的孤立と集団内での心理的孤立のどちらでも生じます。

　人は話し相手が少ないと，自分自身の考えを相対化することができずに，

一人であることのリスク

物理的孤立の場合

相談相手がいない
→不安の緩和、負担の解消が難しい。

「どうせ自分なんて」と
考えが極端になりやすい。

精神的孤立の場合

周囲の気持ちが気になる
→うまくふるまえないことの心配、無理してふるまうことの負担。

「どうせ自分なんて」
と思う場面に出あいやすい。

絶対視してしまいがちです。「そんなことないよ」という一声が得られないためです。相談相手がいないと，不安に思うことがそのままになり，負担に思うことも解消されません。その結果「どうせ自分なんて」と思い込みやすくなります。

　教室の中で一人ぽつんといる子どもは，そのリスクにさらされることになります。その反面，教師にとっては物理的に孤立している子どもは発見しやすいので，対応しやすいとも言えます。しかし教室内で他にトラブルが多く発生する場合は，後回しにされやすいとも言えます。

　では集団の中にいる子どもは安心かと言えば，そういうわけではありません。周囲の目を気にしながら不安や負担と戦うことになります。

　他との比較で劣等感を持つ。

　不愉快な言動を周囲からされる。

　自己中心的な級友に振り回される。

　集団の中で安心して過ごすことが出来なければ，それもまた精神的な消耗につながっていくことになります。

孤立の中で起きる消耗スパイラル

　人間は社会的な生き物です。その子の持っている特性上，それがあまり気にならないように見える子もいますが，集団の中での自分の立ち位置や周囲からどう思われているのかが気になるものです。

　一人でいると「自分がどう思われているのか」という疑問に答えをもらえることがありません。このときに自分自身が低い自己イメージを持っていると「悪く思われているのかな」という気持ちになります。そうなると積極的に集団に入ろうという気持ちにはならず距離を置くようになります。距離を置くことによって，余計に周囲が自分をどう思っているかがわからなくなります。そしてそんな当人のことを周囲もまたわからなくなっていきます。すると周囲もまた近づきにくくなっていきます。そしてさらに「どう思われているのかな」という疑問が生まれ，ループが続いていくことになります。

　このループが繰り返されていくと「悪く思われているのかな」という疑心が，確信へと変わっていきます。なぜなら「誰も話しかけてこない」という状況証拠があるからです。

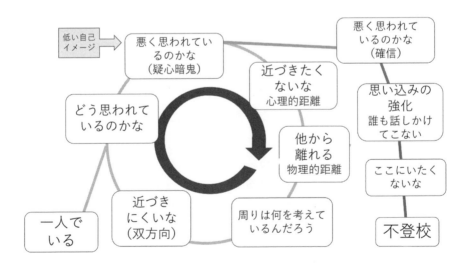

　孤立していることによって，その思い込みが修正されることもありません。やがて，「ここにいたくないな」「居場所がない」という気持ちがふくらみ，不登校につながっていきます。

孤立をキャッチする

　孤立が不登校において大きな要因となるのなら，孤立を防ぐ必要があります。そのためには，先生と子どもという縦の関係と子ども同士という横の関係を結ぶ必要があります。

　とは言え，元々関係を結ぶことが苦手だから孤立するのです。まずは孤立を防ぐためには孤立していることを把握する必要があります。

　子どもの状態を把握するために，次のようなアンケートを定期的にとるもの効果的です。

○いやだなあと思うのはどんなときですか？
○無理！と思うのはどんなときですか？
○どうしよう……と不安になるのはどんなときですか？
○楽しいなあと思うのはどんなときですか？
○出来た！と思うのはどんなときですか？
○よかった！と安心するのはどんなときですか？

　孤立を防ぐには，まず子どもが抱える孤立感をキャッチする必要があります。その上で，先生が「何でも話を聞いてくれる」「困ったことがあれば親身に味方になってくれる」と思わせる存在になることが必要です。アンケートをする時間がないときは，「楽しいなあと思うのはどんな時かな。隣の人と交流しましょう」といった投げかけをしてみましょう。その際に困った表情をしているペアがないかの観察が大切です。

孤立による消耗スパイラルを防ぐ

　一人でいると周囲にどう思われているかが気になり，低い自己イメージが重なることで，受け入れられていないという思い込みが強まるということを述べました。

　考えられる対応として次の2点があります。

○自己開示や肯定的に受け止める発言の機会を増やす。
○自己イメージが高まるような振り返りの機会を増やす。

　これらは先生が子どもに指示して進んでいくという類のものではありません。担任が日頃からロールモデルとなる必要があります。

　具体的には，日常で感じた喜怒哀楽を「こんなことがあってね。こうだったんだよね。みんなはどう思う？」と投げかけていくことです。これが積み重なっていくと，「ああ，この人はこんなふうに考えるんだ」という理解につながります。すると「こう考える人だから，私のことをきっとこんなふうに考えるだろう」といった信頼に結び付くのです。

・自分の考えを押し付けようとしない。
・困っている人に共感的である。
・多様性を認める。

　そんな姿勢で周囲に影響を与えることが大切です。

　また教師の中には，何を見ても指導したがるという指導癖がある人もいます。指導癖はすぐに否定する癖につながりやすいものです。日常の会話で「でも，それってこうだよね」といった発言から，「なるほど，そういう考えもあるよね」と受容的な言い方を増やしたいものです。

　またきちんと出来ていない子どもに対して，強く許せないと思う子どもも
います。「どうして先生はきちんと指導しないんだ」という不満をためやす
い子どもです。その不満は「不公平だ」「誰もわかってくれない」といった
思いに変わりやすいので注意が必要です。

　きちんと出来ていない子に対しては，それを指摘しつつも，「誰でも苦手
なことがあるんだから，出来るようになるまでの時間が必要だよね。見守っ
ているからね」といった言動を示すことが必要です。そうすることで「先生
は注意しない。あの子に対して腹が立つ」といった考えを緩和できるからで
す。

前兆期に次の一手を打っておく

　不登校の前兆が見えて，担任が一生懸命対応したとしても，来られなくな
ることはあるものです。完全に不登校になってから対応を考えるのではなく，
まだ学校に来られるうちに次の一手を打っておくことが大切です。

　まず行うのは，子どもの情報を集めることです。

　この子は何が好きなんだろう。（アニメ，芸能人，歌手など）
　家で何をして過ごすことが好きなのだろう。（絵を描く，ゲームなど）
　興味のある仕事は何なのだろう。

　こういったことを知っておくと，不登校状態になって手紙を渡すときに次
のような文面で書くことが出来ます。

　○○さん。
　今はまずゆっくり充電しようね。家で好きな△△の絵をとことん描いても
いいよね。今度先生が描いたイラストをもっていくので，見せあいっこしま
しょう。（笑）

今までがんばってきたから，少しつかれちゃったのかなと思います。それは○○さんがとても頑張り屋さんだからですね。だから今は少しのんびりしましょう。のんびりすることで不安になることもあるよね。勉強におくれるんじゃないかとか夢がかなわなくなるんじゃないかとか。大丈夫○○さんが充電して元気になることで，夢は遠ざかったりしませんよ。今度金曜日の何時にお邪魔します。そのときには先生のイラストも持っていきますね。玄関先でちょっとだけ充電できた○○さんの顔が見られたらうれしいです。

　だって○○さんがどこにいようと大切なクラスの一員であることには変わりはありませんからね。

　先生の画力を少しだけ教えるね。

　イラスト（○○さんが好きなアニメのもの）

　どうですか。それではお元気で。

　こんな手紙の文面であれば温かさを伝えることが出来ます。温かみのない言葉は伝わらないのです。

　また前兆期には楽しい活動を一緒にすることが大切です。

　それぞれの学校のきまり等があるので，一律にはいかないでしょうが，たとえば昼休みに友人とするトランプといった活動です。

　人と一緒に楽しんだという経験は，また人にかかわりたいなという原動力になります。楽しい思い出があれば，またあんなことしてみたいねという担任の言葉に耳を傾けることでしょう。

　そして何よりも大切なのは，不登校状態になっても担任と会うことが出来るという関係性をつくっておくことです。

　先生に会ったら説教される，叱られる，説得される，強引に学校に行く約束をさせられる。そういった状況であれば，会おうとしないはずです。

　そういうことがなく，自分のペースや選択を尊重してもらえるという確信

を与えておくことです。

　これがその後の回復に重要なことになってきます。

孤立を緩和する言葉かけ（会話例）

　「ぼっち」という言葉があります。一人でいること，孤立することを揶揄する言葉です。そこにあるのは一人でいることのマイナスイメージです。

　孤独という言葉があります。英語では「ソリチュード」と「ロンリネス」の２種類があり，必ずしもマイナスイメージというわけではありません。

　孤立感を持った子どもに接する時に，一人でいることへの否定や同情があると，心を開きません。不愉快なかかわりは人との接触をますます避けるようになってしまうでしょう。

　一人でいることの価値を認めながら，私は一人ではないとうことを実感させることが大切です。教室で孤立しがちな子どもとの会話例を示しましょう。

担任「何か困っていることはないかな」

A子「え，どうしてですか」

担任「自分が一人でいるときに，よく困って悩んでいたことがあるからだよ」

A子「そうなんですね。別にないです」

担任「先生は一人でいるときに悩んでいたこともあるんだけど，楽しいことを考えてニヤニヤしてしまったこともあったよ」

A子「へえ」

担任「A子さんは困ったことと楽しかったことなら，どちらが多いのかな」

A子「ええ，どっちかなあ」

担任「先生はよくドラマの続きとか妄想しているんだけど，一人でいて楽しいときってどんなことを考えているの？」

A子「好きなアニメのこととかです」

担任「好きなアニメのこととか，一人で考えているんだ。誰にも邪魔されないからいいねえ」

A子「そうですね」

担任「A子さんが座っているのを見ていると楽しそうなときと固まっているように見えるときがあるんだよね」

A子「え，そうなんですか」

担任「勝手な思い込みかもしれないけどね。困っているときってどんな場面なのかな」

A子「次の授業の時間に必要なものって何かあったかなとか，何か間違ってないかなとか」

担任「そうなんだね。次の時間に必要なもの何だっけ，あってたかなあとか考えているんだね」

A子「そうです」

担任「それは誰かに確認したりすることはないの」

A子「しません」

担任「じゃあ，合っているかどうかは授業が始まってみないとわからないこともあるんだね」

A子「はい」

担任「じゃあ，それがわかるまで，ドキドキしたり，ハラハラしたりして，何だか疲れるかもね」

A子「はい，すごく疲れます」

担任「家に帰ったらどうなっているの」

A子「もう，ぐったりしています」

担任「誰かに聞くとしたら，聞きやすい人は誰かな」

A子「Bとかかな。でも近くにいるときは聞いてますけど，いないときもあるんで」

担任「そうだよね。いつも誰かとべったり一緒にいるわけじゃないもんね。それはそれで自立している感じがしていいなと思っているよ」

A子「そうですか」

担任「一人でいることで養われる力もあるからね。今はそれを増やしているところかな」

A子「増えているのかな」

担任「反対に一人でいないで，みんなといることで養われる力もあるんだよ。ものの見方が豊かになるとかね」

A子「そうなんですね」

担任「じゃあ，みんなと一緒にいる前に，よく観察してみようか。クラスで誰が一番優しいと思うか，今度聞くね。観察して決めておいて」

A子「わかりました」

担任「自分以外で探してね」

A子「はい（笑）」

　先生は自分のことを見てくれている，一緒に話を聞いてくれる。こういった体験は孤立感を緩和します。孤立している子どもは，話しかけにくい雰囲気を出していることも少なくありません。何を話していいかわからないと思うとますます声がかけられません。この会話例でいうと，次に話しかけるときは，「クラスで誰が優しいか決まった？」と言えばよいわけです。

　雑談が出来る関係をつくることで，子どもが本当に困ったときにSOSも出しやすくなります。

家庭での接し方

　孤立から生まれる孤独感を解消するために必要なことは何でしょうか。

　親が学校でのことをどんなに心配しても，学校で話し相手になることは出来ません。親が出来ることは，子どもに，家庭での居場所をつくることです。

　具体的には，次の3点が必要です。

○自分の選択が尊重してもらえる。
○話を聞いてもらえる。
○わかってくれる人がいる。

　学校のことでうまくいっていない子どもを見ると，ついつい親は色々なことに口出ししたくなります。「ああしたら，こうしたら」という提案が，いつしか語調も強く「ああしなさい，こうしなさい」になってしまうこともあるでしょう。

　「ああしなさい，こうしなさい」と言われても，それがすぐに出来るとは限りません。またそれがしたいとも限りません。

　言われたことが出来ずにいて，時間ばかり過ぎ，「あれしたの？どうしてしないの？」と詰問されれば子どもはどんな気持ちになるでしょうか？

　「でも，そうした方がいいから，言っているんです」という反論もあるかもしれません。した方がいいか，悪いかではなく，子どもがどんな気持ちになるかということが問題です。

「ああしなさい，こうしなさい」と言われる。
↓
自分がそれをしていないから言われるんだ。
↓
自分にまかせることが出来ないからだ。
↓
自分はダメな人間だ。

　こうなると言われれば言われるほど自信をなくしてしまいます。

　「ああすることも出来るし，こうするという方法もあるよね」と声をかけるのにとどめると，子どもはゆっくり自分のペースで考えることができます。

　「ああしなさい，こうしさない。なんで出来ないの」とせかされると「放

っておいて」ということになります。

　頃合いを見計らって，「ああすることも出来るし，こうするという方法もあるよね。どう？」とだけ声をかければ，自分の考えを話してくれるかもしれません。

　「どう？」と聞いて，その答えが親にとって満足できないものであっても，「そうなんだね。困ったことがあったら言ってね」と返せば，じっくり考えた上で親にSOSを出してくれることもあるかもしれません。

　子どもがSOSを出せるためには何が必要でしょうか。

　普段の会話の例を示します。

好ましくない例

子「ああ，早く夏休みにならないかな。明日休もうかな」

親「何言ってるの。夏休みまで頑張らないとダメじゃないの」

子「でも，もうクタクタなんだよね」

親「疲れているのは，自分だけじゃないでしょ」

子「1日だけでも早く休めたらなあ」

親「そんな怠け者だったら将来困るでしょ」

子「でも，もう限界なんだよなあ」

親「そんな甘えたこと言ってないで頑張りなさい」

子「はあい」

好ましい例

子「ああ，早く夏休みにならないかな。明日休もうかな」

親「早く夏休みになったらいいねえ」

子「明日休もうかなあ」

親「明日休みたいと思っているのかな」

子「そうだよ。もうクタクタなんだよね」

親「そうだよね。クタクタだよね」

子「そうだよ。だってさ，授業で頑張っているからね」

親「授業で頑張っているんだね」

子「真面目にやらない人もいるけど，自分は頑張ったんだよね」

親「どうして真面目に頑張ったの？」

子「え，だって，わからなくなって困るのは自分だからね」

親「そうかあ。先のことを考えて努力したんだね」

子「まあね」

親「ところで明日はどうしたいの？」

子「え，夏休みまで頑張るよ。さっきのは言ってみただけ」

親「頑張った分だけ，夏休みが楽しみだね」

子「うん」

　親が子どもの話を否定せず，ありのままを受け止める。そんな会話をしていたら，困ったときに SOS を出しやすくなります。

家庭での休ませ方

　不安や負担で消耗し，本格的に休むことが必要になる前に，疲れがたまってきたら休ませるという考えもあります。ガス欠になる前に，こまめに給油するイメージです。

　子どもの様子を観察していて，疲れがたまっていて，休みたいと言ってきた場合，どうしたら良いでしょうか。

子「明日休みたいな」

親「明日休みたいんだ」

子「だって，もうクタクタなんだよね」

親「クタクタなんだね」

子「だって，頑張っているんだよ」

親「頑張っているんだね」

子「ねえ，休んでいいでしょ」

親「休んでどうやって過ごすの？」

子「一日寝ていたい」

親「どうして？」

子「クタクタなんだよね」

親「学校で何か困っていることでもあるのかな」

子「いや，特にないんだけど。毎日すごく疲れる」

親「そうなんだね」

子「そう」

親「正直に言うと２つの気持ちがあるかな。晩御飯をつくるのを手伝うという条件で休んでもいいかなという気持ちと１日休んで，次の日も休みたいって言われたらどうしようという気持ち」

子「明日休んだら明後日も休むなんて言わないよ」

親「じゃあ，１日だけ休養しようか。晩御飯は一緒につくろうね」

子「やったあ」

　この対応を甘いと思われた人も多いと思います。もちろん，こんな対応が必要のない子どもも多くいます。しかし真面目でバーンアウトしてしまいそうな子どもであれば，思い切って休ませるというのも一つの方法です。

第3章
第1ステージへの対応

第1ステージの子どもの悪循環

　まず，第1ステージで子どもがどのような経過をたどるかを見ていきましょう。

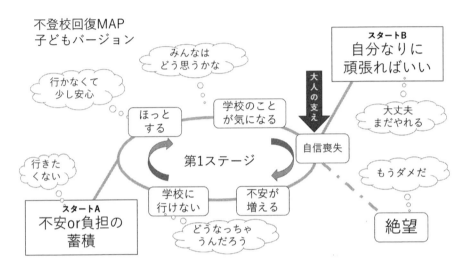

　スタートAの地点では，子どもの頭の中は「学校に行きたくない」ということで一杯です。そして休むことが出来ると，とりあえずほっとします。行かなくてすむという安心感です。しかし家にいながらも学校のことが気になります。休んだことの罪悪感もあり自信も失われていきます。そうするとますます学校に行きたくないという気持ちが強くなります。すると翌日も登校出来ず……。この悪循環で生み出されるものは自信の喪失です。

　このときに子どもは「明日は行こう」と夜に強く決心するけれど，翌朝になると身体がすくんでしまうということを経験します。すると自分に対する信頼というものが失われます。自分自身があてにならない存在になるのです。

　もしも，この状態で大人に学校に行く約束を迫られたらどうなるでしょう。子ども自身，約束を守れる自信が持てません。あいまいな返事に終始し，結局やる気がないと見なされてしまいます。

そして大人からかけられる言葉で,「学校に行かなければ」という焦りと「このままではどうなってしまうんだろうか」という不安が増大していきます。その結果,「もうどうなってもいい」というあきらめや絶望にたどりつくことも少なくありません。

自信喪失の場から,「まだ大丈夫だ」「自分なりの一歩を踏みだせばいいんだ」と自力で思える子どもは稀でしょう。ここで子どもの気持ちを受容し不安を緩和させる大人の支えがどうしても必要になるのです。

第1ステージの大人の悪循環

次に,第1ステージで大人がどのような経過をたどるかを見ていきましょう。

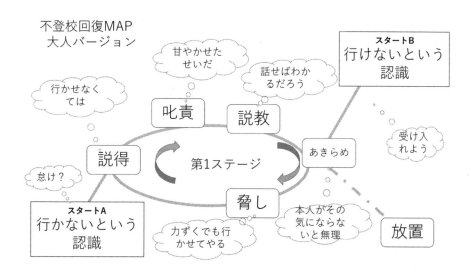

スタートAでは,大人は「とにかく学校に行かせなければ」と思います。休ませることで,休み癖がついて,将来社会的ひきこもりになったら大変だ

と，休む先に悪いことしか思い浮かびません。

　その先は，やさしく言って聞かせたり，強い口調で怒鳴りつけてみたりをくり返すことになります。しかし，この対応では子どもの心がより不安定になるばかりで，本質的な効果は全く現れません。

　やがてあきらめて何も言わなくなり，放置するけれど，思い出したように登校を促すといった日々が続きます。この状態では，子どもが本当に必要な大人の支えを得ることが出来ません。膠着状態は続くことになります。

　大人がいち早くスタートBに達することで，子どもと大人の両者の悪循環を抜け出すことが出来るのです。

スタートAの子ども

　それでは，最初の出発点の様子を詳しく見ていきましょう。

　子どもの出発点スタートAでは，大人の目に映るものは，体調不良を訴える姿や朝，なかなか起きてこないという姿です。実際は心の中でどんな動きがあるのか，水面下のものは見ることが出来ません。

欠席する

体調不良
朝起きられない

　スタートＡの子どもは不安や負担が蓄積して，学校に行きたくないという状態です。実際に腹痛や頭痛といった身体症状が出ることもあります。夜遅くまで起きていて，朝起きれなくなることもあります。

　それでも多くの子どもは「行く気になればいけるはずだ」と思っています。でも実際に登校しようと朝起きると，身体がすくんで家を出られない自分と直面します。行かないのではなく，行けないのです。

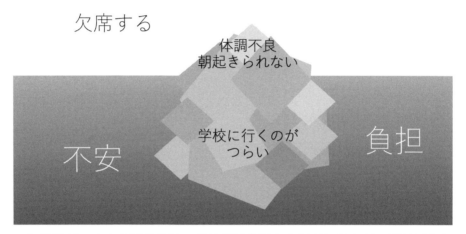

欠席する

体調不良
朝起きられない

不安　学校に行くのが　負担
つらい

　ところが，大人の目からは，身体症状や起きられないことが，登校できない原因のように感じます。この状態を改善すれば登校するのではと思うのも自然なことです。

　しかしこの時点で見えているものは氷山の一角に過ぎません。実際には，
　夜遅くまで起きている→朝起きられない→学校に行けない
　ではなく，
　学校に行きたくない→夜，眠れない→朝，起きられない
　もしくは
　学校に行きたくない→夜寝たくない（朝が来てほしくない）→夜ふかしをする→朝，起きられない
　なのです。

夜遅くまで起きているという原因があって，学校に行けないという結果があるわけではありません。学校に行きたくないという原因から，夜遅くまで起きているという結果が生まれているのです。

ここで原因と結果を逆転してとらえて，誤った原因にアプローチしても効果がないことがわかります。

実際には不安や負担が蓄積していて，学校に行くのがつらくて耐えられない状態なのです。

ここでは大人の目には見えない，子どもの不安と負担を想像することが大切です。

スタートAの大人

先週までは普通に通っていたのに。

行けるときもあるのに。

行ったら楽しそうにしているのに。

不登校の子と接し，こんな様子を見ると，大人は子どもが怠けて学校に「行かない」ことを選択しているのだと感じます。

そこで，なぜ行かないのかを問いただし，その理由を取り除いて，また学校に行かせようと考えます。行けない原因がなくなれば，行けるはずだと思っているからです。

ところが，行けない理由が，はっきりしない場合も多くあります。いわゆる「なんとなく型」です。問い詰めているうちに「実は仲間外れにされているんだ」などと言う理由もあります。ただそれも本当の理由ではない場合も多くあります。

あるいは，「学校に行く理由や意味が見つからないから行かない」という子どもも多くいます。これを額面通り受け取って，「理由や意味は行っているうちに見つかるから，とにかく行きなさい」などと説得しても効果はあり

ません。「行く理由が見つからない」という言葉は，裏返しで言うと「行けない理由が見つからない」ということなのです。

　高所恐怖症の人や泳げない人は，高い場所や水を前にすると身体がすくんでしまうことがあります。そんな時，すくんでいる相手に叱っても，説教しても動き出すことはないでしょう。身体がすくんでいる相手に必要なことは安心感です。信頼できる相手からの「大丈夫だよ」という言葉です。

　不登校を怠けていると考えている人からすると，安心させると，ますます行かなくなると考えることでしょう。そこで「今日行かないと，ずっと行けなくなるよ」「勉強についていけなくなるよ」と安心の反対の脅迫めいた指導をすることになります。すると，ますます行けなくなるという悪循環に陥ります。
　大人の出発点スタートＡでは，子どもが怠けて，学校に行かないと考えています。

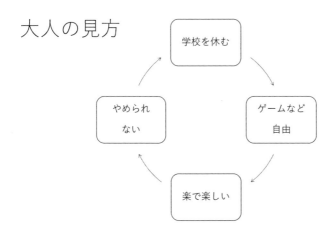

ここには学校に行かないことは楽だという考えが前提にあります。確かに

短期間の休みなら気持ちも身体も楽なことは事実です。しかし長期に渉る休みは楽なものなのでしょうか。

　心身ともに充実し元気一杯な子どもを，１年間家から出さないようにすることは出来るでしょうか。元気な子どもであれば，外出するなと言っても出かけていくのではないでしょうか。

　長期間にわたって，休むことは決して楽なことではないのです。大人でも会社をやめてフリーになるといった場合を考えてみると，楽なことばかりではなく，重くのしかかるものがあります。

　休むことは楽なものではありません。むしろ不安がこみ上げます。

　集団から取り残されるという不安

　先が見えないという不安

　ひょっとしたら一生このままではないかという不安

　その不安はどうしても紛らわす必要があります。するとゲームやネット三昧の生活をするといったことになります。

子どもの実際

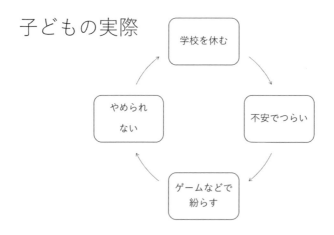

学校を休む生活は決して楽なものではありません。勉強をしないで遊んでいられるのだから自由ではないか。そう思う人もいるでしょう。しかし，そ

こに「本当の意味の自由はない」のです。

　　会えない人がいる。
　　出歩けない場所がある。
　　出歩けない時間がある。
　　心配でたまらないことがある。

　こんな状態ではとても自由とは言えません。働いている大人がとる休暇とは全く意味合いが違うのです。
　行かないのではなく，行けない。もしも目の前の子どもを見て，どうしてもそう思えないのなら，大人自身の強い思い込みが邪魔をしている可能性があります。
　「学校に行くべきだ」という思い込みが強いと「行けるはずだ」という思いを引っ張り出すのです。人は自分にとって都合の良いものを目に留めます。「行けるはずだ」と感じさせるものが目に多く留まっていると，行けないのではなく，行かないのだと考えるはずです。

　子どもも大人もスタートＡから出発し，第1ステージに進み，そこでぐるぐると循環します。
　第1ステージでは，大人も子どもも沼のように苦しみにはまっている状態です。ここを脱してスタートＢで再出発をすると第2ステージに進みます。ここで循環しながら，新しい一歩を踏み出すというゴールへと近づいていくのです。

　もしも行けないのではなく行かないんだという思いが，どうしても強ければ，次のように自問自答してみてください。

　学校に行かないことは，周囲の人間関係から取り残されたり，孤立したり

する可能性があるのに，それでも行かないのはなぜだろう。

　学校に行かないことは，勉強が遅れたり，わからなくなったりして将来不利になる可能性があるのに，それでも行かないのはなぜだろう。

　そうすると単なる甘えや怠けで済ませられない，その子の困り感が出てくることでしょう。このように考え方を切り替えることで第1ステージからスタートBに移ることが出来るのです。

人の目が気になって行けない子どもたち（会話例）

　行かないのではなく身体がすくんで行けないのはわかりました。では，どうして行けないのでしょうか。そう疑問に思う人も多いことでしょう。

　ある子どもとの会話を紹介します。

教師「学校に行けないのは何が気になるの？」

子ども「みんなの目」

教師「それって，みんなからどう思われているかが気になるっていうこと？」

子ども「そうです」

教師「ちなみに，どう思われていると嫌なの？」

子ども「悪く思われていると嫌です」

教師「実際に悪く思われているなと思ったことはあるの？」

子ども「特にないんですけど」

教師「それでも自分は悪く思われているんじゃないかって不安になるんだ」

子ども「そうです」

教師「それって，ひょっとして自分が自分自身を悪く思っているっていうことかな？」

子ども「そうです。それです」

教師「自分は悪く思われている，受け入れてもらえない。そう思っているか

　ら不安なのかな」
子ども「そうなんだと思います」

　子どもは行けない理由を周囲の目が気になることが原因だと考えています。
そこで仮に周囲を変えたところで，それでも気になる自分自身がいれば，問
題は解決しません。
　そもそもなぜ自分自身をそんなに否定するのでしょうか。子どもの自己イ
メージは周囲からかけられてきた言葉で出来上がっていきます。大人が否定
する言葉を多くかけてきたのではないかを振り返る必要があります。
　自信がなく不安で一杯な子どもに対して，大人はそれをさらにあおる言葉
を投げかけることも少なくありません。

勉強に遅れるよ
友達がいなくなるよ
進学できなくなるよ
将来困るよ

　これでは，不安はさらに増大し，ますます動けなくなるのです。
　不安に対しては，
　大丈夫だよ。どうしたらいいか一緒に考えていこう。
　そう言ってよりそう大人の存在が必要なのです。

人が普通に出来ることが難しくて行けない子どもたち（会話例）

　行けない理由の最大のものは不安です。不安は心を消耗させるものです。
そして消耗させるものには負担もあります。負担はわかりやすいものばかり
ではありません。一見負担に感じないだろうということが負担である子ども

も多いのです。

　ある子どもとの会話を紹介します。

教師「学校に行く元気がなくなっちゃうのは，学校では何が負担なのか
　　　な？」

子ども「全部」

教師「全部なんだ」

子ども「そう。何もかも」

教師「朝から帰りまで負担なことがあるってことかな」

子ども「そう。どうしてみんながちゃんと出来るのかがわからない」

教師「みんなが出来ていても自分には難しいなと思うことがあるんだね」

子ども「そう」

教師「たとえば，どんなことがあるの？」

子ども「そもそもずっと座っていなくちゃならないとか。話したら怒られる
　　　　とか」

教師「授業が負担なんだね」

子ども「そう。昔からずっと」

教師「あとは，どんなことが負担」

子ども「今これがやりたいっていうときにやれないとか」

教師「自分のペースでやれないってことかな」

子ども「そう。反対にやりたくないことをやらされるとか」

教師「そうするとどんな気持ちになるのかな」

子ども「なんか，落ち着かなくなってくる」

教師「ざわざわする感じかな」

子ども「そう」

教師「我慢していることが多いんだ」

子ども「だから疲れちゃって，帰ったらぐったりしている」

　多くの子どもが出来るからと言って，全ての子どもが出来るわけではあり

ません。その子その子の持つ特性や敏感さなど，その子にしかわからない苦しみを抱えている場合もあります。その負担を我慢していると消耗して学校に行けなくなる場合があるのです。

　無理強いや強制ではなく，その子の負担を理解することが大切です。

あきらめではなく受容へ

　不登校の増加が話題になるときに，社会が不登校を認めて，登校を強く促さないからだといった意見を耳にします。この意見には疑問を抱かざるを得ません。

　本当の意味で認める，受容するということが出来れば不登校状態は回復傾向に向かうはずです。社会が不登校を認めるというのは，他にもたくさんいるからあきらめがつきやすいということを言っているのではないでしょうか。

　大切なことはあきらめることではなく，受容することです。

　あきらめから生まれるのは放置です。放置から生まれる子どもの気持ちは何でしょう。口うるさく「学校に行け」と言われ続けたり，家庭訪問で会うことを拒否し続けたりという状況からすると，ほっとすることでしょう。しかし，そこから徐々に心の底からこみ上げてくるのは「絶望」です。

　受容から生まれる子どもの気持ちは「希望」です。こんな状態の自分でもわかってもらえた。話を聞いてくれた。それが希望になり，一歩を踏み出す勇気につながるのです。

子どもを傷つけ関係がこじれたときは

　大人は，第1ステージの悪循環の中で子どもの心を傷つける言葉をたくさん口にしているはずです。それらの言葉は子どもの心に傷として残っています。大人に対する恨み心として残ることもあります。そうなると大人の望むことをかなえてやるものかという報復の気持ちが芽生えるのです。そこに，

こじれた関係が生まれます。子どもは顔を見たくない，口も聞きたくないと思っているのに，それに大人が気づかないこともあります。大人自身が不安で一杯一杯であり，自分の行為が正しいと思い込んでいるからです。

　まずは大人が自分が傷つけたであろうことに思いをめぐらし，素直にわびることが必要です。

　あなたの気持ちを理解しようとせず，こちらの気持ちをぶつけてしまってきた。そのことであなたを大変つらく苦しい思いをさせ，傷つけてきた。そのことを大変申し訳なく思う。ごめんなさい。

　こういったことを自分自身の言葉で誠意をもって伝えることが大切です。これは前に進むための儀式のようなものです。謝罪することは大人が負けるようで嫌だと感じる人もいるかもしれません。実際には謝罪は，子どもの傷ついた心を思うとき，引き分けにもなっていないのです。申し訳ないなと思う気持ちがわいてきて，顔を合わせるタイミングがあれば伝えてみましょう。子どもの口から「もういいよ。そのことは」という言葉が出てくるかもしれません。

　このこじれた関係は，一朝一夕で解決するものではありません。子どもが「一生許せない」と思っていることもあります。その関係が自然に収まるまで何も手を出せないとしたら，不登校の回復まで長期化，膠着化してしまいます。

　そうなるとどうしても必要なのは当事者以外の人間の介入です。親子関係でこじれたのなら，学校の先生の出番です。もちろん介入するには関係が良好であることが前提になります。

　担任の先生と子どもの会話例を示します。
担任「家の人とは会話をしているのかい」
子ども「いえ，全然」
担任「何か理由はあるの」
子ども「もう，顔も見たくないんです」
担任「もう顔も見たくないって思っているんだ。いつから？」

子ども「ずっとです。こうなる前からずっと」

担任「そうなんだ。こうなってからは何か変化はあるの？」

子ども「甘えるなとか出ていけとか色々言われた」

担任「それはつらかったね」

子ども「はい」

担任「家の人がそう言いたくなる気持ちは理解しているけど，自分のことも
　　　わかってほしいという感じかな」

子ども「わかってもらうのはあきらめました」

担任「そうなんだ。じゃあ，とりあえず家の人との関係は，そっとしておこ
　　　うか。今は，きっと時間が必要だね」

子ども「はい」

担任「今の状況は一生続くわけじゃない。周りの環境も変わる。5年後，10
　　　年後には違った状況になっている。どんな状況になっていたらいい？」

子ども「少しずつでも勉強して，お金を稼げるようになっていたい」

担任「そうなっていたらいいね。そう思ったのは何か理由はあるのかな」

子ども「親に色々言われて悔しかったから」

担任「そうか。見返してやりたい気持ちがあるのかな」

子ども「そう」

担任「見返すと言う言葉の意味はね。昔軽く見られた相手に立派になった姿
　　　を見せつけるということ」

子ども「そう出来ればいいけど，とにかく怒りをぶつけたい」

担任「それは仕返しがしたいということだね。ひどい目に合わされたから，
　　　ひどい目に合わせたいということだね」

子ども「そう，自分が学校に行かないことが仕返しになるような気がする」

担任「そう思うのも無理はないよね。ただ見返したら，あなたが勝ったこと
　　　になるけど，仕返しても両方とも負けた状態だよね。だから仕返しし
　　　ても今の悔しい状態は続くんだよ」

子ども「なるほど。そっか」

担任「だから，やるのは見返すこと。どうしたら見返すことができるか。少しずつ一緒に考えていければと思うんだけど，どうかな」

子ども「はい。そうしたいです」

プレイフルに自分自身を語らせる（妖精カード）

　自己否定と人とかかわりたくないという気持ち。

　第１ステージの子どもの気持ちは，この２つでいっぱいになります。これを子ども自身で，自分を肯定し，人とかかわろうという気持ちにさせることは困難です。

　子どもを否定せず，肯定し受け入れてくれる存在。

　不快な思いをせずに楽しくかかわることができる存在。

　そんな存在が必要です。では親がその役割を担うべきでしょうか。もちろん，それを意識して接することが大切なのは言うまでもありません。しかし親も人間であり，子どもと同じ家で生活しています。いつでも子どもを受け入れ，楽しくかかわるというのは難しいことです。

　そこで先生やカウンセラーといった支援者が必要になります。ただし学校の先生は，子どもにとっては，最も会いたくない人間であることも多いものです。会うたびに「いつ頃，学校に来られそう？」と話しかけていると，強い登校への刺激を感じ，子どもは教師に会うことが苦しくなります。反対に会うたびにニコニコしていて，「困ったことないかい？」と聞いてくれるようであれば，会うことへのハードルは下がります。

　子どもと顔を合わせることが出来るのであれば，子どもに自分自身を語らせ，気持ちを整理することが大切です。しかし自分の気持ちを表現することも子どもにとっては容易なことではありません。そこで次の妖精カードを使うことをお勧めします。

　「実はねえ。あなたの心の中には，こんな妖精が住んでいるんだよ。一緒に見ていこうか」と面白おかしく紹介します。

「妖精カードを見せていくから，あ，この妖精よく見かける，見かけない，微妙で分けていくから教えてね」と言って，心の中を言語化させていきます。妖精にはポジ族とネガ族がいます。

ネガ族

ジブンナンテ

自分に自信がない。
⇒人を悲しくシュンとさせる。

ムカツクン

思いだすと腹が立ってくる。
⇒人をよりカッカさせる。

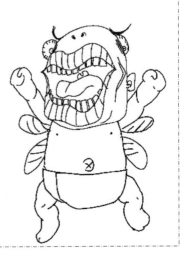

ザワザワン

落ち着かない。
⇒気持ちをザワザワさせる。

ドッキー

緊張で胸がドキドキする。
⇒ドキドキを長続きさせる。
ザワザワンの進化形。

ヒトノメ

人の目が気になる。
⇒人に会いたくなくさせる。

メンドゥーサ

面倒くさい。
⇒何もしたくない
　投げやりな気持ちにさせる。

カンガエストップ

考えたくない。
⇒見たくないことから
　目をそらさせる。

サキマックラ

将来の希望が見えない。
⇒良いことが起きないと
　思わせる。

ニゲロヲ

その場にいたくない。
⇒その場から避難したくさせる。

ファンファン

不安でどうしようもない。
⇒力をどんどん抜けさせる。

コマルンバ

どうしたらいいかわからない。
⇒人をフリーズさせる。

ポジ族

コウスレバイイヤン

前向きに考える。
⇒コマルンバ、カンガエストップ
　などを弱体化させる。

ヨサミッケ

自分の良いところを発見する。
⇒ヒトノメ、ジブンナンテ
　などを弱体化させる。

トニカクイッポ

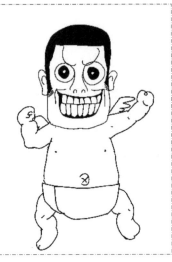

今出来ることに取り組む。
⇒ニゲロヲ、メンドゥーサな
どを弱体化させる。

トニカクオチツコ

冷静になる。
⇒ムカツクン、ドッキーなどを
弱体化させる。

ゲンキナロヲ

元気になる。
⇒ファンファン、サキマックラ
などを弱体化させる。

妖精カードを用いた会話例

担任「妖精カードの妖精たちを，よく見かける，見かけない，微妙の3つで
　　　分類してもらいました。よく見かけるのは次の4体だね」

ジブンナンテ

自分に自信がない。
⇒人を悲しくシュンとさせる。

ザワザワン

落ち着かない。
⇒気持ちをザワザワさせる。

ムカツクン

思いだすと腹が立ってくる。
⇒人をよりカッカさせる。

ドッキー

緊張で胸がドキドキする。
⇒ドキドキを長続きさせる。
ザワザワンの進化形。

子ども「はい」

担任「ここにあるのはみんなネガ族の妖精で，あなたをつらい思いにさせる
　　　やつなんだよね。現れる順番とかあるかな」

子ども「ええと，学校に行かなきゃと思うときに，ザワザワンが現れます
　　　ね」

担任「心がザワザワするんだね」

子ども「そうです。親に行きなさいとか言われるとドッキーになるのかも」

担任「ドッキーはザワザワンの進化形だからね」

子ども「そして，親にしつこく言われるとムカックンが出てくる」

担任「ムカックンが出てくるとどうなるの？」

子ども「親と言い合いになる」

担任「最初は行きたくないなあと言う感じだったのが，話しているうちにム
　　　カックンが出てくるんだ。そして，どうなるの？」

子ども「絶対に行かない！ってなるかな」

担任「そのあとはどうなるの？」

子ども「部屋に閉じこもっているとジブンナンテが出てくる」

担任「そうなんだね。この４体がよく見かけるやつだね」

子ども「そうです」

担任「微妙のやつは，たまに出てくるという感じかな」

ファンファン

不安でどうしようもない。
⇒力をどんどん抜けさせる。

カンガエストップ

考えたくない。
⇒見たくないことから
　目をそらさせる。

メンドゥーサ

面倒くさい。
⇒何もしたくない
　投げやりな気持ちにさせる。

サキマックラ

将来の希望が見えない。
⇒良いことが起きないと
　思わせる。

子ども「はい。4体です」

担任「これは，どういうときに出てくるのかな」

子ども「一人でいるときですね」

担任「出てくるとどうなるの」

子ども「とにかく何も考えたくないってなります」

担任「そしてどうするの」

子ども「ひたすらゲームします」

担任「そうなんだね」

子ども「はい。家ですることもないし」

担任「そのとき，楽しめてるかな」

子ども「やっている瞬間は楽しいというより，少し楽になる感じです。でも
　　　　心から楽しめるわけではないですね」

担任「今のあなたに必要なのは，心の中にポジ族の妖精を召喚することだ
　　　ね」

子ども「今は1体もいないですね」

トニカクオチツコ

冷静になる。
⇒ムカツクン、ドッキーなどを
弱体化させる。

トニカクイッポ

今出来ることに取り組む。
⇒ニゲロヲ、メンドゥーサな
どを弱体化させる。

コウスレバイイヤン

前向きに考える。
⇒コマルンバ、カンガエストップ
などを弱体化させる。

ヨサミッケ

自分の良いところを発見する。
⇒ヒトノメ、ジブンナンテ
などを弱体化させる。

担任「そうでしょ。とりあえず，この4体と仲良くなろう」

子ども「全然，いなかったかも」

担任「ポジ族の妖精は，ネガ族の10倍から100倍の力を持っているからね」

子ども「え，そんなに」

担任「そうだよ。まずは朝の時間にトニカクイッポを召喚しよう」

子ども「そうですね」

担任「ひょっとしたらムカツクンは自分で召喚しているのかもしれないよ」

子ども「どういうことですか」

担任「怒りで一杯になって，『もう，学校は絶対に行かない！』って言って
　　いるんでしょ」

子ども「はい」

担任「そこまでいかないと意思表示が出来ないわけだよね」

子ども「それは，そうかも」

担任「だから落ち着いて，こうやって親に伝えてみようか。『気持ちがザワ
　　ザワして学校に行くことを考えると苦しくなる。だから今は落ち着くま

　では行けない。そのかわり，放課後に先生と電話で話をする。それでい
　いよって先生も言ってた』って，どう」

子ども「それの方がいい。毎回腹を立てていると，どんどん嫌な気持ちがふ
　　　　くらむから」

担任「そうでしょ。先生からも親にそう伝えるからね」

子ども「そうして休むとなったら，それはそれで心配なことが出てきます」

担任「そうだよね。どんなことが心配かな」

子ども「勉強遅れるかなって」

担任「勉強の心配は勉強をすることでしか解消されないかもしれない。家で
　　　教科書を1回だけ読めばOKということにしたらどうかな」

子ども「でも，それだとついていけないですよね」

担任「そういうときはトニカクイッポでいいんだよ。みんなと一緒にグラン
　　　ドのトラックを走っていて，苦しくなって同じペースで走れない状態な
　　　んだから。自分のペースで歩けばいいじゃない。元気になれば，また走
　　　り出せるかもしれない。それでいいんだよ」

子ども「それならできそうです」

担任「それで十分だよ」

第4章
第2ステージの支援

第２ステージの子どもの好循環

　まず，第２ステージで子どもがどのような経過をたどるかを見ていきましょう。

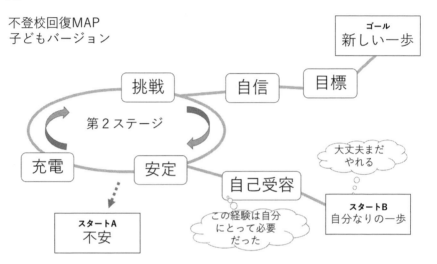

不登校回復MAP
子どもバージョン

ゴール
新しい一歩

挑戦　自信　目標

第２ステージ

充電　安定

自己受容

大丈夫まだやれる

スタートB
自分なりの一歩

この経験は自分にとって必要だった

スタートA
不安

　スタートＢの地点では，不安が底打ちし，周りの支えによって，前向きになっている状態です。

　「もうダメだ」から「大丈夫，まだやれる」へと転換し，さらに不登校である自分をポジティブに受け入れることで，気持ちが安定します。

　安定した状態から，消耗していた自分自身を取り戻すための充電が始まります。元気になれば挑戦しようとする意欲も出てきます。料理など身の回りのことなども出来るようになってくると，生活が充実し，さらに安定します。

　この好循環をくり返すうちに自信がついてきます。そして自分にもやれるかもしれないと思うことで，目標を持つことが出来ます。そして自分なりの新たな一歩を踏み出します。

　ただし，この循環の最中に，「なんで学校に行かないの」「行かなければダメでしょ」といった声かけをすると，すごろくで振り出しに戻るように，気

持ちがスタートＡの不安へと逆戻りしてしまいます。

第2ステージの大人の好循環

　次に，第2ステージで大人がどのような経過をたどるかを見ていきましょう。

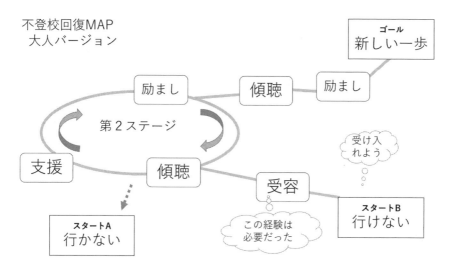

不登校回復MAP
大人バージョン

　スタートＢの地点では，説得したり，強制したり，あらゆる手段を使っても，登校しない子どもを見て，行かないのではなく，行けないのだということを大人が実感したところからスタートします。

　そして行けないことに対して，「この経験は必要だった」と前向きにとらえることで，子どもの話に耳を傾けられるようになります。

　話を聞く中で出てくる子どもの困りごとに対して，アドバイスなどの具体的な支援をし，勇気づけるための声かけをし，子どもの声に耳を傾け……。

　この循環が続くと子どもはどんどん回復していきます。

　やがて，子どもが自分なりの自信や目標を口にするようになります。それに耳を傾け，励まし続けます。この際に指示や命令をしないこと，求められ

ていないアドバイスをしないことが大切です。これをすると大人の気持ちが，子どもの気持ちを追い越していることになります。気持ちを追い越された子どもは，急速にやる気を失ってしまうのです。

　追い越してしまう一番の原因は，大人の焦りです。回復には時間がかかるものです。我慢しきれなくなると大人自身がスタートＡに逆戻りしてしまい，子どもの回復はまた遅れることになるのです。

スタートＢの子ども

　この地点に子どもが立つためには，まだ大丈夫だという安心感が必要になります。安心を得るためには周囲のポジティブな言葉かけが必要です。この声掛けが出来るかどうかが大きな分かれ道になります。

　とは言うものの，それまで散々「甘えている」「頑張れ」と否定され続けた第１ステージの悪循環があれば，それも容易なものではありません。傷つく言葉というのは，言った方は忘れていても，言われた方は忘れないものです。

　そんな関係性をリセットするためにも，「あのときはそれが正しいと思って言っていたけど，結果的に傷つけてしまったね。ごめんね」といった謝罪の言葉が必要かもしれません。

　その上でポジティブな声かけをしていきます。

　学校に行かなくても，自分がやれることをやればいいんだよ。

　もし１年休んでも１年長生きすればＯＫだよ。

　長い人生でまだ何も失っていないんだよ。

　こういった言葉をかけ続けることで，「大丈夫，まだやれる」と思えるようになっていきます。

　さらに子どもが前を向いて進むためには，不登校という状態に意味づけをする必要があります。

　不登校を「無駄な時間で意味がないもの」ととらえると苦しくなります。

そうではなく，「自分にとって必要な時間だった。それによっていろいろなことを感じることが出来た。むしろ自分の成長にとっては必要だった」ととらえると気持ちが明るくなります。

　何事も無駄なく効率的に進めることが良しとされる世の中です。不登校は単なる停滞のように思われがちです。しかしもっと大きな目で子ども時代をとらえると，失敗や無駄なく進むことは必ずしも良いことではありません。むしろ失敗や無駄は必要な経験です。子ども時代の意味は，長い人生を生きていく上で必要な経験を積むということなのかもしれません。

スタートBの大人

　この地点に立つためには，大人が子どもに自分の理想をおしつけるのをあきらめる必要があります。理想と現実のギャップは，そのまま子どもへの厳しい言葉になります。そこで理想をアップデートする必要があります。

　子どもが元気に毎日学校に通うこと。
　↓アップデート
　子どもが元気に過ごすこと。

　これが出来なくて，ステージ1の悪循環を繰り返してきたのです。理想をアップデートできたなら，子どもに厳しい言葉を口にすることはなくなります。

　しかし，それでは先のことが心配になるから，子どもに厳しい言葉をかけ，ますます子どもの元気を奪ってします。

　子どもが不登校から回復するには，柔軟性が必要です。そのためには，大人がそのモデルを示す必要があります。

　人は知らず知らずのうちに，こりかたまった思い込み，先入観といったものをもってしまいます。それを誰かと話すことでやわらいだとしても，一晩

減れば元に戻ってしまうということも少なくありません。

　大人が柔軟に変化し続けるためには，変わり続けることが必要です。不登校に関する情報はたくさんあります。学校に行かないとその先の将来は暗いものになってしまうと思い込んでいる人も多いでしょうが，様々な情報を調べるとそれが事実ではないことに気づくでしょう。

　また不登校が原因で社会的ひきこもり状態になるという焦りもあるかもしれません。実際には社会的ひきこもりの人は，大人になってからの人が多く，不登校を経験していない人が大部分なのです。

　そういった情報を集め続けることが，大人の納得や安心につながり，それが子ども自身の安定につながっていきます。

心の充電を促す（会話例）

　休み始めの子どもは心のエネルギーがガス欠状態です。第1ステージの悪循環では，エネルギーは消耗するばかりです。エネルギーの消耗を回避するためには安心できる環境で静養することが必要です。そして第2ステージの好循環では，エネルギーを生み出すことや貯えることを意識してみます。

　どうすれば子どもは元気になるのでしょうか。

　それは次の2つのことをすることです。

・自分の好きなことをすること。
・自分を好きになれることをすること。

　この2つは人によって内容は違います。では実際の会話例を見てみましょう。

　不登校の子どもの姿に接していると大人は不安に感じることが多いでしょう。この場合の会話は親でも教師でも安心して会える大人であれば，どちらでもかまいません。

大人「今の元気さを数字の1から10で表すとどれくらいかな？」

子ども「6くらいです」

大人「休みはじめの頃は，3って答えてたから，ずいぶん元気になったね」

子ども「まあ，はい」

大人「元気さが3増えたのには何か理由があるのかな」

子ども「ゆっくり休んで，あまり学校のことを考えなくなったかもしれない」

大人「ゆっくり休んだのと学校のことを考えなくなったんだね」

子ども「はい」

大人「学校のことを考えると，今までどうなっていたの」

子ども「やっぱり元気がなくなります」

大人「そうなんだね。あまり考えなくなったのはどうして」

子ども「親があまりうるさく言わなくなったのもあります」

大人「家の人が学校の話題をすることが減ったんだ」

子ども「多分言っても無駄と思っているんだと思う」

大人「自分から思い出すことはあるんでしょ。そのときに思うことって変わったのかな」

子ども「前はすごく嫌な気持ちになったけど，今はどうしているかなって感じ」

大人「学校に対する嫌なイメージが薄れてきたって感じかな」

子ども「そうですね」

大人「今の元気さは6ということなんだけど，もっと数字が増えるためにはどうしたらいいと思う」

子ども「ううん。よくわからないです」

大人「心が元気になるには2つの方法があるんだよ」

子ども「へえ」

大人「一つは，自分の好きなことをすること」

子ども「それなら出来ているかも。好きなゲームをしたり，好きな動画を見

たりしているから」

大人「そうなんだね。もう一つはね。自分のことを好きになれることをすることなんだ」

子ども「自分のことを好きになれること？」

大人「そう。何か思い浮かぶかな？」

子ども「ううん。学校を休むことにも意味があって必要なんだって聞いたから，自分のことをすごくダメだと思うのは減ったけど，好きになれることかあ」

大人「どんなことがあれば，少しだけ自分のことを好きになれそう？」

子ども「それは，頑張ってる自分になれば，ああよくやっているなって思うかも」

大人「頑張っていると好きになれそうなんだ」

子ども「そうですね。さぼっているとか，怠けていると思うと，自分のことが嫌になるかも」

大人「頑張ること以外に何かあるかな？」

子ども「ええと。頑張るに似ているんだけど，家の中の仕事とか出来るようになればいいかな」

大人「それは，どうして？」

子ども「家の人の役に立つし，ほめられるから」

大人「誰かの役に立てることがうれしいってことかな」

子ども「そうです。自分のためにもなるし」

大人「具体的にやりたいことってある？」

子ども「料理とか出来れば，かっこいいかな」

大人「週に１つ，好きなメニューをつくってみるっていうのはどう？」

子ども「それいいかも」

大人「つくったら写真にとって見せてよ」

子ども「はい。やってみます」

大人「つくりたいものある？」

子ども「パスタとか」

大人「楽しみだね。平日に作り方を研究して週末につくって親にも食べても
　　　らえばいいんじゃないかな」

子ども「そうします」

大人「今，どんな気持ち？」

子ども「なんか，ちょっとワクワクしてます」

スモールステップで挑戦を促す（会話例）

　心が安定し，エネルギーがたまってきたら，いよいよ新しい一歩に向けて
動き出すことになります。傍で見ていて元気なのにすぐに不機嫌になったり，
不安定になったりするという段階では，まずは自信を取り戻すことが優先に
なります。

　家から一歩も出ずに，学校のことが話題に上ればすぐに部屋に閉じこもる
といった段階から，学校のことを自分から口にしたり，外に出歩くことが出
来るようになったり，というのであれば，そっと背中を押してあげてもよい
かもしれません。背中を押す先は，本人の未来のイメージを大切にします。

　担任と子どもの会話例で示します。

担任「最近はたくさん笑顔が見られてうれしいよ」

子ども「ありがとうございます」

担任「突然だけど1年後自分はどうなっていたらいいなと思っているのか
　　　な」

子ども「そうですね。学校に行ってたらいいなと思います」

担任「それはどうして」

子ども「やっぱり，将来の目標をかなえるために勉強は必要だなと思いま
　　　す」

担任「そうなんだ。半年後はどうなっていると思う？」

子ども「ううん，学校に半分くらい行けてたらいいなと思います」

担任「半分って，どういう半分？」

子ども「週に半分通うとか」

担任「そうなんだね。じゃあ一か月後は？」

子ども「ううん。どうなっているかなあ」

担任「じゃあ，作戦を立てようか」

子ども「作戦ですか？」

担任「いきなりエベレスト山に登れって言われても無理だよね」

子ども「はい」

担任「でもエベレストの地図を調べたり，登山に何が必要かを調べることは出来るよね」

子ども「そうですね」

担任「情報を集めた上で，登山のルートを決めたり計画を立てたりするよね」

子ども「そうですね」

担任「それと同じで半年後に半分，学校に行くための計画だよ」

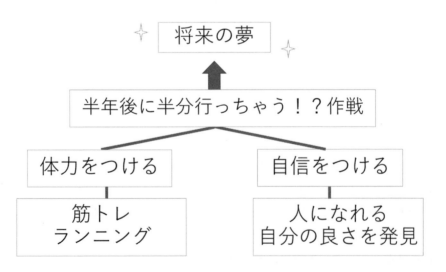

88

子ども「なるほど」

担任「まずは必要なのは体力だと思うんだよね。どう？」

子ども「それは大事ですね。すぐ疲れちゃうから」

担任「家で出来る体力づくりって何かあるかな」

子ども「そうですねえ」

担任「そういう感じで，この計画表に相談しながら書きこんでみよう」

担任「出来たねえ」

子ども「出来ましたねえ」

担任「ランニングはどうやってやろうか？」

子ども「みんなに会わない時間帯がいいです」

担任「じゃあ，みんなが学校に行っている時間に，100mだけ，家から学校に向かって走ってみる。帰りは歩きというのはどうかな？」

子ども「それなら出来そうですね」

担任「そして距離を自分で電柱1本分とか決めて距離を伸ばしていく」

子ども「なるほど」

担任「そして最終的に学校の門にタッチして帰ってくるというところまで」

子ども「(笑)」

担任「地域の人が走っているのを見たら，ああ遅刻して走っているんだ，えらいなあって思うよ」

子ども「歩いているときは？」

担任「体調が悪くて帰るのか。大丈夫かなって思うよ」

子ども「なるほど」

担任「人になれるためのアイデアは何かあるかな？」

子ども「ううん。難しいですね」

担任「休みの日に家に遊びに誘うというのもあるよ」

子ども「ちょっと勇気がいるかも」

担任「先生から一声かけてあげてもいいよ」

子ども「それなら大丈夫かも」

担任「会いたい人とその人の長所や良さを考えておいてくれるかな」

子ども「はい」

担任「きっと会いたい気持ちが高まるよ」

子ども「そうですね」

担任「同じように，その子にも君の良さを聞いて伝えるね」

子ども「良さはあるかなあ」

担任「大丈夫。きっと自信がもてるよ。詳しいことはまた次回。無理そうだったら修正すればいいからね」

子ども「はい。よろしくお願いします」

第5章
学校に行けない理由

気持ちと身体の関係

　不登校をただ単に気持ちの問題としてとらえると，子どもの顔色を伺ったり，甘えと感じて我慢し切れなくなったりします。

　本章では，自律神経に関する理論等を参考にしながら，不登校の子どもに何が起きているかを述べていきます。

　人間には自分自身のことであっても，コントロール出来るものと出来ないものとがあります。

　目の前にコップに入った水があるとします。

　喉が渇いていれば飲みたいと思うかもしれません。でも特に必要性もなく，ちょっと前にジュースを飲んだばかりという状態では，飲みたいとは思いません。

　喉が渇くように，運動することは出来ます。でも座ったまま「喉よ，渇け」と念じていても，喉は渇かないでしょう。

　高い建物の屋上にいることを考えてみます。景色を楽しみ，楽しいなあという気持ちです。身体は風景を見てリラックスしています。気持ちと身体は，この状況下で，「楽しい」「リラックス」となっていますが，基本的にコントロールすることは出来ません。

　コントロール出来るのは，そのときの行為です。「そのまま居続ける」「そろそろ降りる」という行為は，自分自身で選択できます。行為はコントロール下にあるのです。

コントロール
出来る

コントロール
出来ない

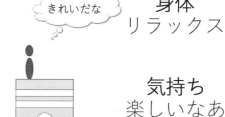

行為
階段を
降りるor居続ける

身体
リラックス

気持ち
楽しいなあ

　ところが，楽しいなあというレベルではなく，恐怖を感じるような建物の上ならどうでしょう。「怖いよう。早く降りたいよう」という気持ちになるでしょう。そして身体は心臓がドキドキし，すくんで動けなくなります。フリーズ状態です。　こうなると「そのまま居続ける」「そろそろ降りる」というコントロール出来るはずの行為が，制御不能になるのです。

フリーズすると
コントロール
出来ない

コントロール
出来ない

行為
階段を降りる
or
居続ける

身体
フリーズする

気持ち
早く下りたい

私たちの気持ちと身体は連動します。安心していれば，身体はリラックスします。緊張や不安を感じないで，身体もくつろぎ，リラックスしている状態です。子どもで言えば，自宅でくつろいでいる状態や休み時間に仲の良い友人とおしゃべりをしているような状態です。

気持ちと身体の関係

気持ち	安心
身体	リラックス

エスケイプモード

　乱暴な級友が非常に機嫌悪い状態でいたとします。何かとばっちりを食うのではないかとビクビクしてしまうでしょう。すぐにその場から逃げ出したい気持ちになります。

　強いて言えば，祖先が山の中で肉食獣に出会ったときのような状態です。そんなとき身体は逃げることに専念しようとするので，消化器官などに血液は十分に行きません。走って逃げるためには十分な酸素が必要です。呼吸が早くなり，心拍数も増えます。これがエスケイプモードです。

　もちろん教室にいるときに，リラックスしていれば，この状態にはなりません。

　うまくいかないことがあったらどうしよう。

　他の人より目立ってしまったらどうしよう。

　他の人に何か言われたらどうしよう。

　こんな気持ちで教室にいると，身体がエスケイプモードになってしまいます。息苦しい感じ，心臓がドキドキする感じ，何だかお腹が重くなったり，痛くなったり……。そんな身体状態に見舞われます。

気持ちと身体の関係

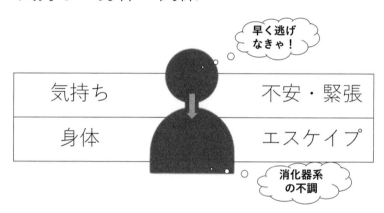

戦闘モード

　また不安や緊張が怖れや恐怖といった段階ではどうなるでしょうか。私たちの祖先が森の中で肉食獣に出会い，逃げきれないと悟ったら戦うはずです。窮鼠猫を噛むという状態です。これが戦闘モードです。

　身体は，いわゆる頭に血が上る状態，カッとした状態です。

　自傷行為の中にも一部，こういったものがある可能性があります。攻撃の対象が相手ではなく，自分に向かう場合です。

　この状態になることは，そう多くはないはずですが，追いつめられるとこういったこともあるでしょう。ここで思い浮かぶのは，子どもが家庭内で家

具を壊したり，家族に暴力を振るったりする場面です。

　家庭内暴力は，突然キレてする印象が強いでしょうが，実際には自分ではどうしようもなくて，やむなくという場合もあるのです。例えば，親が学校に行かない子どもを責めている場面を思い浮かべてみましょう。親は正論で追い詰めます。逃げようとしても，叱責を続けます。穏やかに話し合いも出来ない，逃げることも出来ない，そんなときに戦闘モードが発動します。

　家庭内の暴力は，親が追い詰めた末に起きていることも多くあるのです。またエスケイプモードと同じように腹痛に見舞われることもあります。

気持ちと身体の関係

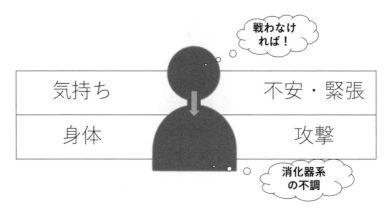

フリーズモード

　苦手な授業で，先生に指名されたらどうしようと緊張状態にあるとします。怖れていたとおり，突然指名されてまるで硬直したかのように固まってしまうこともあります。自然界では敵に襲われた生物が死んだふりをする場合もよくあります。似たようなことが不登校の子どもにも起きます。

　校門の前で一歩も動かなくなっていたり，乗ってきた車から降りなかったりする状態です。

　これがフリーズモードです。頭の中は何も考えない状態で，説得しても耳に入らないような状態です。

気持ちと身体の関係

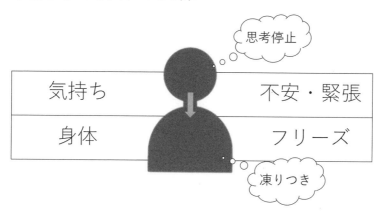

不登校は身体の誤作動

　不登校は気持ちの問題，気持ちが変われば行くだろうと思われがちです。しかし気持ちはコントロール出来ません。

　学校で長らく，緊張や不安で過ごしていたために，本来リラックスする家庭でも，身体が誤作動を起こし，エスケイプモードやフリーズモードになってしまうのです。

　気持ちは身体に連動します。そうなると行きたくないという気持ちが強くなるのです。

　では，どうすればよいのでしょう。

　身体の誤作動を治すためには，一旦十分なリラックス状態にして，リセットする必要があります。そうすると身体が整い，やがて自分自身の意思に基づいて行動できるようになるのです。

不登校の現場では次のことがよく見られます。

　大人が子どもに学校に行ってほしいと思って，声をかけているうちは，子どもは学校に行かない。学校に行かなくてもいいと思うと子どもは学校に行きだすというものです。

　これは子どもがリラックスすることで身体がリセットされるからです。

　「行きなさい」「いつになったら行くの」と声をかけられ続けているうちは，身体はフリーズしエスケイプしようとするのです。

気持ちと身体モードの関係

第6章
不安と負担を減らす
学級づくり

居心地とは

　この場所は居心地が悪いなあ。早くいなくなりたい。

　そう感じたことはあるでしょうか。それはどういう時だったでしょうか。たとえば，その場所が初めての場所で，勝手がわからない場合もあるでしょう。あるいは，その場所が自分にそぐわないとか，自分が浮いていると感じる場合もそうでしょう。

　勝手がわからない。

　自分にそぐわない。

　これは不登校になってしまう子どもが教室で感じていたものかもしれません。人間関係の暗黙のルールがわからなくて，どうふるまっていいかわからない。普通のつもりだと思ってしたことが，笑われたり注意されたり。そんなこともあったかもしれません。

　あるいは周りの人たちが，キラキラ輝いているように見えて，劣等感を抱くかもしれません。

　その場所に仲の良い友人がいれば，まだマシになるでしょうが，都合よくいてくれるとも限りません。不安は増していきます。

　私は，年に数回ライブハウスに行くことがあります。若い頃にはバンドをやっていて，そういった場に馴染みもあったのですが，勤めてからはすっかり遠ざかりました。ところが自分の子どもがバンドを初めたこともあり，またライブハウスに足を運ぶ機会が増えたのです。

　初めて行く会場は独特の雰囲気があります。その場にいる人たちの年齢は，自分よりもはるかに下です。その場に浮いていることを自覚し，居心地の悪さを感じていました。しかし，それが何度も行くうちに，その雰囲気に慣れていきました，そして自分の子どもがトリで歌っているときなどは，何とも誇らしい気持ちになります。

　そのうちライブハウスは居心地の悪い場所ではなくなりました。慣れるこ

とと自信を持てることが居心地の悪さを解消することにつながりました。これは教室の子どもたちにも共通しているのではないでしょうか。

　居心地が悪く感じている子どもたちに，「心地よい人間関係が教室にあれば，居心地はよくなります」と言えば，解決策を示しているようにも思えます。しかしこれは，「お酒を飲み過ぎて困っています」と言う人に，「お酒を飲まなければいいですよ」と言っているようなものかもしれません。

　もともと人間関係に困り感があるから，学校に行きにくくなります。であれば一朝一夕には構築できない人間関係だけを考えるのではなく，慣れさせること，自信を持たせることを大切にする必要があるのです。

プレイフル，ハートフルな学校に

　令和の子どもは，手軽に楽しく刺激を得られるものの中で暮らしています。家庭でのゲームや動画視聴などと比べると，学校は退屈な場所です。そして退屈な生活の中では，不安や負担に目が向きやすくなります。そこに管理的な教育，指導が強くプレッシャーを感じている場合は，なおさらのことです。

　最近，プレイフルという言葉が教育の場でも聞かれるようになってきました。遊びの要素を学びに取り入れていくことが求められています。これは遊び貯金が不足している子どもには必要なことなのでしょう。

　プレイフルであったり，ハートフルであったり，そんな実践が積まれていけば楽しく安心できる学校をつくることが出来るでしょう。そのためには教師の意識を変える必要があります。

　一例として長期休み前の指導を考えてみましょう。

　夏休み前は気がゆるみがちだから，厳しめの指導をするというのが，これまでの生徒指導のあり方でした。しかし夏休み明けの不登校や子どもの自死は，少なくありません。

　夏休み明け直前の子どもが学校を思い浮かべたとき，何を想像するのでし

ピークエンドの法則
長期休み前には、最も楽しかったことを言語化させ、楽しい出来事で終わらせる。

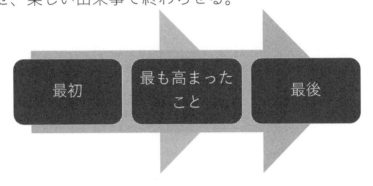

| 最初 | 最も高まった
こと | 最後 |

ょうか。ピークエンドの法則というものがあります。最も心が動いたことと最後が印象に残るというものです。これでいうと1学期に一番楽しかったことと夏休み前の学校を思い出す子どもが多いということになります。夏休み前の学校を思い浮かべたときに，厳しく管理的な生徒指導の様子を思い浮かべて，学校に行きたいという気持ちになるでしょうか。次のような手を打つのはいかがでしょうか。

1学期の終わりには，子どもたちに班ごとに「学校で楽しかったことランキング」をつくらせ発表させます。そして「2学期も楽しい日々になるといいね」と声かけをします。こうすることで楽しかったことを言語化することができます。

ちなみに，私は給食時のお昼の放送に地元のミュージシャンをゲストで呼んだり，昼休みにサプライズで，教師の音楽演奏をしたりといった企画をしたことがあります。

先生方が自分たちを楽しませようとしてくれている。そう子どもに感じさせることが大切なのです。そして折にふれ，登校することで承認欲求が満た

される声かけが必要です。

人間関係の不安を緩和するために

　家庭にはなくて学校にしかないものは，子どもの教師との関係や子ども同士の関係です。これらを活用しながら不安や負担を軽減していくことが大切です。

　自分は他の人たちとは違っている。そんな孤独感を子ども時代には感じやすいものです。そして実際に多くの子どもが，自分は他の人とは違っていると孤独を感じています。孤独は悪いことばかりではありません。孤独があるからこそ，人は他の人との結びつきを求めます。

　ヤマアラシのジレンマという言葉があります。

　寒さを和らげるために２匹のヤマアラシが身体を寄せ合います。しかし互いのトゲが痛くて近づけないというものです。

　人間関係が近くなればなるほど争いが生じるものです。人間関係で互いに温めあえるような関係をつくるために，年度当初から繰り返し伝えておくべきことがあります。

　一つはアウティングをしないということです。アウティングとは当人が言ってほしくないことを，他の人がばらしてしまうというハラスメントです。

　子どもであっても，他の人に知られたくないことはあります。

　過去にこんな失敗をした。

　好きな人は誰だ。

　家族にこんな人がいる。

　勝手に他の人に言うのは，社会ではパワハラやセクハラと同様の問題であること，それによって命を絶たれた人もいるということを教える必要があります。そして本人が言ってほしくないことを言わないマナーを指導します。ルール指導は，違反をすると罰せられるという側面があります。しかし，マナー指導は守っていると褒められるというものです。折にふれ教室で，「こ

の教室はいいなあ。他の人が嫌がることを口にしないもんなあ。やさしい人が多いんだなあ」と教師が口にします。人は自己イメージに沿った行動をするものです。そして自己イメージは周囲からかけられる言葉でつくられていきます。

　人間関係の不安を緩和するためには，友人関係だけでなく教師との関係でも安心を与えることが大切です。

　職員室の中で考えているよりも，実際に先生が嫌で学校に行きたくないという例は多いものです。

　安心できる関係をつくるためには何が必要でしょうか。まず教師の「指導癖」とでもいったものを見直す必要があります。

　「先生，○○さんに悪口を言われた」と声をかけられたときに，「あなたにも何か悪いことはなかったの」と返してしまうことはないでしょうか。これが指導癖というものです。

　「○○さんに悪口を言われたんだ。それは嫌だったね。もう少し詳しく聞かせてくれる？」と返すことができれば，子どもは安心して過ごすことが出来ます。しかしSOSを発した時に指導の言葉が返されたら，教室は味方のいない戦場のようになってしまいます。

　指導よりも「先生は自分の味方だ」という安心を与えることを優先したいものです。指導は事情を詳しく聞いて必要であればすればよいのです。

個人によって違いがある不安と負担（会話例）

　不安を抱える子どもには，その不安を聞いてあげる必要があります。そのときに必要な質と量は，子どもによって違います。

　子どもＡの場合の

Ａ「先生，成績が下がらないか心配です」

担任「え，そんなことないんじゃない」

Ａ「でも最近勉強してないし」

担任「じゃあ，すればいいんじゃない」

A「そうですね」

　これで十分な子どももいれば，時間をかけて丁寧に向き合わなければならない子どももいます。

　子どもBの場合

B「先生，成績が下がらないか心配です」

担任「成績が下がらないかが心配なんだね」

B「そうです。最近勉強してないし」

担任「最近，勉強してないから，成績が下がるかもって不安なんだ」

B「そうです。夜も眠れないんです」

担任「夜も眠れないくらい心配なのかな」

B「はい」

担任「それって，心配で夜眠れなかったり，勉強が手につかなかったりすることがあるってこと？」

B「そうかもしれません」

担任「それはつらいね」

B「はい」

担任「それは，いつからなのかな」

B「1週間くらい前からです」

担任「その頃，何かあったのかな」

B「友だちが急に冷たくなって。原因はわからないんですけど」

担任「友だちが急に冷たくなったように思ったんだね。冷たくなったって具体的にはどういうことかな」

B「休み時間は，いつも私の席に来てくれたのに，来てくれなくなったんです。これで成績が下がったら誰も相手してくれないのかなって不安です」

担任「なるほどね。ケンカとか怒らせたとかの心当たりはないんだね」

B「はい。全く」

担任「いつも来てくれたのに，来てくれなくなったら，寂しいよね。それで
　　Bさんはどうしているの？」

B「自分の席に座っています」

担任「休み時間にCさんが来るというのは，そうしなければいけないことな
　　のかな」

B「いえ，そういうわけでは」

担任「来てくれたらうれしいし，来てほしいという願いはあるけれど，その
　　願いが現実でなければいけないというわけではないよね」

B「はい」

担任「Cさんに，あなたの今のその気持ちや願いを伝えたのかな」

B「いいえ」

担任「Cさんは超能力者じゃないんだから，あなたの願いを感じ取って，そ
　　の通りに動いてほしいと思ったら，それは難しいことを願っているのか
　　もね」

B「どうしたらいいですか」

担任「来て欲しいと思ったら自分からCさんのところに行ってみよう。それ
　　でもし避けられたりしたら，そのことをまた話してくれるかな」

B「でも避けられたら嫌だなあ」

担任「そう思って，自分から行かないのは反対に，あなたがCさんを避けて
　　いることになるよ」

B「あ，そうか」

担任「気になって手につかないくらいだから，解決に向けて，行動を1つだ
　　け起こしてみるのと，このまま悶々と悩むのとではどちらがいいか」

B「そうですね。まず自分から行ってみます」

担任「相手はともかく，自分から行動できたら素晴らしいよね。応援してい
　　るよ」

　このくらい時間をかけて話せば，本人が困っている本当の理由が見えてき

ます。反対に成績が下がるという悩みを表面的に受け止めると、「取り越し
苦労だな。他に悩まなければならない生徒はたくさんいるのに」と思って終
わりかもしれません。

　子どもが悩みを投げかけてくる場合、1球目は本当の悩みではないことも
多いのです。相手の出方を見ながら、本当の悩みという2球目を投げるかど
うかを見定めています。些細な悩みにも真摯に向き合う必要があるわけです。

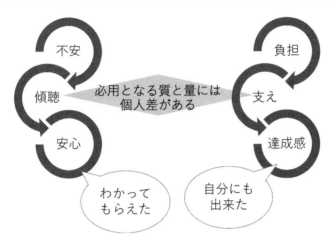

より所となるきまり

　不登校の子どもが教室に入りにくい理由の一つに、「どうして休んでいた
の？」と聞かれたら、どう答えて良いかわからないことがあります。想定外
のことや対応方法がわからないことがあると、その場所に足が向きにくくな
ります。

　たとえば朝登校して、朝の会までの時間、どう過ごしたら良いのかがわか
らないという子どももいます。一つ一つ先生に尋ねることが難しいときもあ
ります。それは不安につながります。

　こういったことに備え、4月当初に細かいところまできまりを示しておく

行為のグラデーション

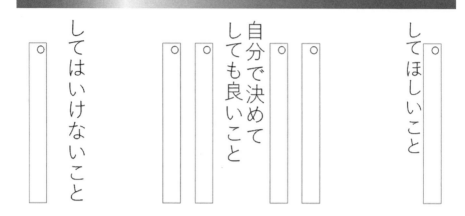

してはいけないこと

自分で決めてしても良いこと

してほしいこと

ことが大切です。きまりというと「これは，してはいけない」「これをするべき」といったものが浮かびますが，「自分で考えて，してもいいこと」も複数示します。これを行為のグラデーションと呼ぶことにしましょう。

あいさつをするときは？

友達とケンカをしたときは？

友達の発表が聞こえないときは？

そういった実際の場面を想定させておきます。すると不安が減るのです。そして同時にそのきまりが，このクラスでのきまりであること，クラスが変われば違うきまりになったり不都合があれば変更することもあり得ることも知らせておきます。

安心─不安のグラデーション

安心の根底には自信がないと持続可能なものにはなりません。また毎日の生活の中で心は揺れ動きます。

学級での安心や不安は，先生との関係や集団との関係に大きく左右されま

す。そこから投げかけられた言葉や行為は大きな影響を与え，一喜一憂することになります。

安心ー不安のグラデーション

恐怖	心配	不安	ニュートラル	安心	喜び

教師との関係においては次の図のようなことで感情は大きく左右されます。

強い叱責	叱られる	否定される		一緒に何かを出来る	話を聞いてもらえる	ほめられる
恐怖	心配	不安	ニュートラル	安心	喜び	

先生との関係で

　教師のはたらきかけは，単純に言えば，自分が理想とするもの，基準と照らし合わせ，達成できたらほめ，出来なければ叱るといったものになります。
　子どもは受け入れられれば安心し，拒否されれば不安を感じます。何かが出来てほめられるからこそ，喜びは増します。反対に叱られれば不快感は増します。
　しかし子どもが気になるのは先生の反応以上に周囲の反応です。

集団との関係で

恐怖	心配	不安	ニュートラル	安心		喜び
攻撃対象になる	悪口を言われる	孤立する		一緒に行動できる	認められている	役に立っている

　安心を得るために，子どもは周囲の反応を気にするようになります。

　厄介なことに安心できるはずの先生からの承認が，そのまま集団に反感を買い，孤立する場合もあります。そういう視点も大切です。

先生との関係

| 強い叱責 | 叱られる | 否定される | | ほめられる　話を聞いてもらえる　一緒に何かを出来る | | |

恐怖	心配	不安	ニュートラル	安心		喜び
攻撃対象になる	悪口を言われる	孤立する		一緒に行動できる	認められている	役に立っている

集団との関係

スルーする力を高める

　安心して過ごせる教室に必要なこととしてスルーする力を上げたいと思います。誰かのちょっとした失敗に対して，いちいち反応する子どもがいます。言う方は，ほとんど条件反射のようですが，言われる方は不愉快なものです。その条件反射の不規則発言が増えると，何か言われるのが嫌だと思う子どもは発言を控えるようになっていきます。

　では，誰かのちょっとした失敗は無視しなさいと言えば良いのでしょうか。

　スルーすることと似て非なるものに無視することがあります。誰かの失敗を無視しなさいという言い方は教育的ではありません。子どもには誰かを無視してもいいんだという誤ったメッセージを送るからです。無視は相手の発言などを受け止めないこと，スルーするのは一旦受けて流すことです。

　そこでスルーすることはマナーなんだということを教えます。

　「テーブルマナーで大切なことは，ナイフやフォークを上手に使えることよりも，一緒に食事をしている相手がナイフやフォークを落としてしまったときに，気づかないふりをしてあげることなんだよ」と伝えることです。その上で誰かがちょっとした失敗をしたときに，気づいたけれど，あえて反応しないで，スルーすることを推奨します。発達上の特性のある子どもなどは，それがすぐに出来るわけではないでしょうが，出来ている場面では，「スルー力がついてきたね」と認めることが必要です。

　不規則発言があったときは，「それはスルーして」と低く小さな声で手ぶりをつけて伝え，二度目は，手ぶりだけで伝えるといった指導が必要です。

　不規則発言をする生徒のスルー力と同時に，言われる生徒のスルー力を育むことも大切です。

負担を緩和するために

　子どもは不安に感じることを強いられることで負担に思います。かと言っ

て子どもが不安に思うことを全てやらせないわけにもいかないでしょう。

　自転車に乗り方を覚えるときに，最初は補助輪つきの自転車で練習することが多いと思います。不安に思うことをやらせるときは，失敗しても叱られない，先生はフォローしてくれるという安心感が必要です。補助輪つきで乗れるようになれば，やがて先生のフォローがなくても不安なことに立ち向かえるようになるでしょう。

　不安なことを無理強いしてしまう背景には，教師の「〜すべきである」という思考があります。「指名されて答えないことを許したら，あてても答えなくなってしまう。何がなんでもきちんと答えさせるべきだ」といった思考です。

　「みんなと同じにするべき」を「今は段階的にさせた方がいい」と思考を変えることが大切です。

第7章
家庭で育む
自信と柔軟さ

湧き上がる心配をぶつけない

このままでいいのだろうか。

いつまでこの状態が続くのだろうか。

ずっとこのままなのではないだろうか。

不登校の子どもの姿に接していると親は何度も自問自答することでしょう。

このどんよりとした重い気持ちは，より具体的な心配事となって心からあふれてきます。

学校に戻れるのだろうか。

勉強に追いつけるのだろうか。

友達がいなくなってしまうのではないだろうか。

進学できるのだろうか。

このまま家でひきこもってしまうのではないだろうか。

心や体が病気になるのではないか。

親の仕事にも影響するのではないか。

親の子育てを否定されるのではないだろうか。

そして，それらを何とかしなければと焦りを感じ，せかされるような気持ちになります。それは当然のことです。子どものことをどうでもいいと思えば，そんなことは思わないのです。深い愛情があるからこそ心配になるのです。

愛情からそんな心配が出てくることは否定できません。

問題なのは，それをそのまま子どもにぶつけてしまうことです。これらは言わずにはいられない言葉で，基本的に口にした方は楽になる類のものです。全然楽になんてなっていないと思うでしょうが，口にするだけでかすかに気持ちは軽くなるのです。

気持ちのコップから
あふれる心配事

先の進路が心配

親の子育てを否定される心配

学校に戻れるか心配

学力が心配

心配

不安

愛情

友達がいなくなる心配

心身の健康が心配

親の生活への影響の心配

自立できるか心配

学校に戻れるの？
勉強に追いつけるの？
友達がいなくならないの？

では子どもの気持ちはどうでしょう。

これらの問いに対する子どもの答えは，わからないというのが実際でしょう。でもわからないでは親の心配はなくならないので，「ちゃんと考えなさい」ということになります。そこで子どもが「大丈夫だよ」というと，「何が大丈夫なの」となり，子どもは黙り込んで，その会話を避け，親を避けるようになります。

そして，心配事を口にする親の表情はどうでしょうか。心配している，困った顔をしていることでしょう。それは仕方のないことです。

でも子どもの立場になったら，どうでしょうか。

自分を見る困った顔の親。

そして自分でもわからないことを聞かれる。

心配なのは信じていないからです。この状況からでも何とかなるだろうと思えば，心配にはなりません。

親が子どもを信じていないと，子どもも自分自身を信じることが出来ません。親の心配をそのままぶつけてしまうと，子どもの自信は損なわれていくのです。子どもの回復を願うのであれば，得策とは言えないでしょう。

少しだけ楽観主義者になる

何とかなるだろうと思うことが出来れば楽なのに，そう思えないから苦しんでいます。前節でそう思った人もいることでしょう。

ここで楽観主義者と悲観主義者の違いについて説明します。

楽観主義者は，将来を予想したときに，きっと良いことがあると思います。

悲観主義者は，将来を予想したときに，きっと悪いことがあるだろうと思います。

同じことに出合っても，楽観主義者と悲観主義者は別のことを考えます。たとえば，試合前の練習で調子が良いと，楽観主義者は，「これなら試合もきっといけるぞ」と考えます。悲観主義者は，「本番前に，こんなに調子が良いと試合ではきっと調子が下がるぞ」と考えます。

良いことがあると，楽観主義者はそれが続くと考え，悲観主義者はそれが続かないと考えます。ところが，悪いことがあると，楽観主義者はそれが続かないと考え，悲観主義者はそれが続くと考えます。

ふだんの考え方が悲観的なのに，子どものことを考えるときだけ楽観的になるのは無理があります。日常的に楽観的に考えるくせをつけていくことが大切です。

人の考え方は影響し合います。親が楽観的になれれば，悲観的になっている子どもの考えを明るくできるかもしれません。

きっと良くなると考えるのが楽観主義者。

どうせダメだろうと考えるのが悲観主義者。

　先のことは誰にも分りません。どちらの考え方を選択するのも自由です。現実をしっかりと見つめながら，それでも楽観的に大人が考えていると，子どもの回復に良い影響を与えます。

　そして子どもが悲観的に考えて苦しんでいるときは，それをさりげなく修正してあげることが必要です。自分では，自分の考えの極端さに気づけないからです。そして一人でいればいるほど，考えもまた極端なものになりやすいのです。

不安で一杯の子どもに

　不登校は不安と負担が原因という話をくり返ししてきました。不登校状態になると登校に伴う負担は，とりあえず解消された状態です。そうなると直面するのは，不安です。

　学校に戻れるだろうか？
　勉強に追いつけるだろうか？
　友達がいなくなるのではないだろうか？
　ずっとこのまま独りなのだろうか？
　将来生きていくことは出来るのだろうか？

　強い風のように不安は押し寄せ，安心感というかすかな焚火の火を消そうとします。安心という温かさが失われたとき，人は心が凍り付き動けなくなります。このとき親の不安を子どもにぶつけるということは，さらに不安の風を強くすることを意味します。

　大切なことは今にも消えそうな安心の炎を大切に守ることです。

　具体的には「大丈夫だよ。」と言う言葉の薪を絶やさないようにすることです。

　ひょっとすると，大丈夫だよという言葉で，子どもが腹を立てるのではな

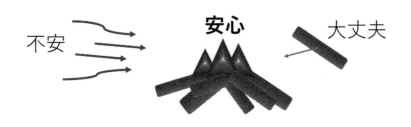

登校の負担が取り除かれ
不安と直面する

不安

安心　　　　大丈夫

いかという心配をする人もいることでしょう。その場合の想定問答を紹介します。

親「大丈夫だよ」

子「何が大丈夫なんだよ」

親「少しくらい休んだって，大したことないよ」

子「何が大したことないんだよ。人の気もしらないで」

親「先のことを考えると不安になるんでしょ」

子「そうだよ。この先いいことなんてあるはずないだろう」

親「先にいいことなんてないと思っているんだね」

子「そうだよ」

親「今の状態がずっと続くわけでもないだろうし，きっといいことあるよ」

子「ずっと続くかもしれないじゃないか」

親「ずっと続くかもしれないって不安なんだね」

子「そうだよ」

親「子どもが学校に行けなかった人にも話を聞いたけど，たいていの場合，

　学校に戻るって」

子「そんなことわからないじゃないか」

親「たしかに先のことは保証できないし，わからないよね」

子「そうだよ」

親「でも私は，きっと大丈夫だって信じているよ」

子「なんでそう言えるんだよ」

親「それは，あなたが生まれてからずっと見てきたからだよ。大丈夫，あな
　たには乗り越える力があるよ」

子「どうしようも出来ないからつらいんだよ」

親「学校に行くのもつらいけど，今のままもつらいよね」

子「そうだよ」

親「そういう気持ちで今まで苦しかったね。ごめんね。その気持ちに向き合
　わないでいて」

子「別に，どうでもいいよ」

親「自分一人で出来ることって限られているんだよね。車がパンクしたとき
　に，何もかも一人でなんて出来ないよね」

子「それはそうだよ」

親「だから人に相談することも大切な力なんだよ」

子「相談しても何にもならない」

親「相談して話をすることで，自分の考えをまとめたり，気がつかなかった
　ことに目を向けたりするんだよ。相談相手がどうのではなく，あなた自身
　がそれをきっかけにすればいいんだよ」

子「まあ，そうかな」

親「自分自身の限界を感じたり，人の手を借りたり，どれもこれからの人生
　にとって大切な経験だよ」

子「そうだね」

親「だから，どこにも進んでいないようで，少しずつ進んでいるかもしれな
　いよ」

子「でも進んでいけているのかな」
親「大丈夫だよ。今だって自分の気持ちを伝えられたからね」

　このように大丈夫という思いで温めてあげるのが親の役割になります。
　そのために親自身が「大丈夫」という言葉を自分の一部にしてみてはいかがでしょうか。

子どもの自信を育むために

　家の中にいるときに，あなたはどれくらいの家事をしているでしょうか。一つ一つ書き出したとしたら膨大な数になることでしょう。それらをあなたはすることが出来ます。では子どもはどうでしょうか。

　　出来るけれどやりたくない
　　やりたいけれど出来ない

　この状態が続くと自信はつきません。
　自信がつくためには次のことが必要です。

　　やれなかったことがやれるようになる。
　　続けてやっていることがある。

　一緒にやれたことを喜んでくれる人がいれば，自信が一層つくことになります。

　そのために例えば，親が何かを楽しそうに磨いている姿を見せます。そしてさりげなく手伝ってもらって一緒にする。そのことにねぎらいの言葉をかける，このことの連続でやれることが少しずつ増えていきます。

　言ってもやらないから，自分でやる。やらせてもうまく出来ないから自分でやる。

　もし親がそう考えたら，子どもが出来るようになるときは来ないのです。

　家事なんかいいから勉強をしてほしいと多くの親は思うでしょう。しかし家で子どもが勉強をしても，学校にいる友人はもっと勉強をしています。つまり勉強そのもので自信を得ることは難しいのです。

　しかし，おいしい料理がつくれるならどうでしょう。

　これは友人には出来ないことかもしれません。友人にはできないけれど自分は出来る。これは自信に直結します。少しずつ一人暮らしが出来るように家事能力を高めることは自信を得る上で大変効果的です。

子どもを操作しない

　ここまで読んでこられて，よし子どもに何か手伝いをさせようと思った方も多いことでしょう。しかしやらせようと思ってもうまくいかないものです。やらせたいと思ったのは親で，本人がやりたいと思っているわけではないか

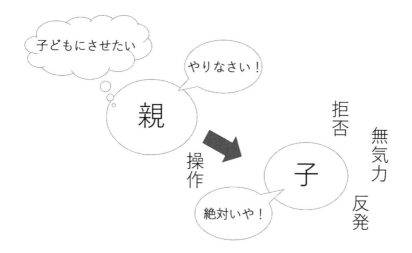

らです。他の人を操作しようとする気持ちを他者への操作性といった表現をすることもあります。他者への操作性があればあるほど，うまくいかないものです。言えば言うほど頑なに拒否することになるでしょう。

操作するのではなく，影響を与えることが大切です。親が楽しそうにパズルをしていたら自分もやりたいと思うのが子どもではないでしょうか。

親がやっていることを真似したら楽しかったという体験を少しずつ積み上げていけば，親のやっていることに自然に興味を持ち，行うようになるかもしれません。

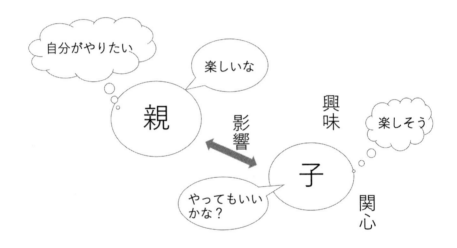

子どものテリトリーを侵害しない

子どもを操作しないということに関係しますが，子どものテリトリーを侵害しないということも大切です。たとえば，あなたがバッグの中身を勝手に見られたら不愉快に思うことでしょう。テリトリーを侵害されたら誰でもそう思うものです。

しかし子どものテリトリーは意外と守られないものです。例えば，子どもが自分の机の上を勝手にいじらないでと言っているのに，片付けてしまう。

子どもが抗議をすると「あなたが，いつまでたっても片付けないからでしょ」と言い返す。こんな場面はよくあると思います。では片付けてもらった子どもは感謝しているのでしょうか。そこには親に対する不満，怒りしかないのです。親の手によって，子どもの部屋のモノはすっきりしたかもしれませんが，子どもの心はぐちゃぐちゃです。でも心は見えないので，すっきりした部屋を見て満足している親は多いものです。

親が片付けたい

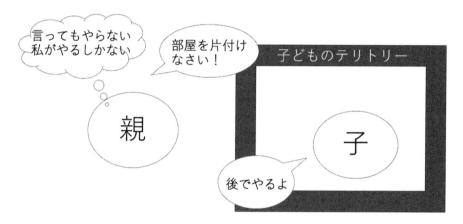

　それは誰の欲求を満たす行為なのか。これを常に振り返る必要があります。親がしたいからする。親が安心したいから言う。こういったことはよくあります。

親が片付ける

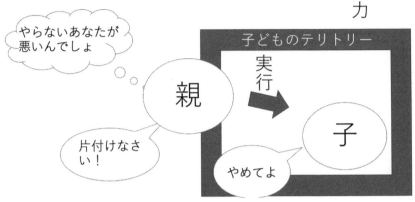

それは誰がすべき行為なのか。子どもがすべきなのに親が代行してしまっては，子どもの意欲は失われていきます。やらない子どもが悪いんだと思うかもしれませんが，それで失われるものを考えると良い選択とは言えません。

子どもの主体性は失われる

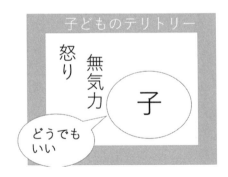

　失われるものは主体性です。不登校の問題を内向的か外交的かで考える人もいるでしょう。うちの子はとても内向的だから学校に行かない。そう考える場合です。しかし，内向的か外交的かはほとんど関係ありません。

　大切なのは主体的に過ごせているかどうかなのです。不登校は，学校で主体的にすごせない子どもが，家庭で主体性を取り戻す営みとも言えます。

　回復には主体性というものが重要です。しかしテリトリーを侵害することで子どもの主体性が失われては元も子もありません。

　テリトリーを侵害する行為は，親が我慢できないことが原因です。見たら我慢できないのであれば，見ないようにするということも大切です。親の小さな満足を優先し，それを積み重ねた先にあるものは，より大きな不満なのです。小さな不満ではあるけれど，その先の大きな満足を目指すために，あえてそれを選択するという大局観が求められます。

求められる大局観

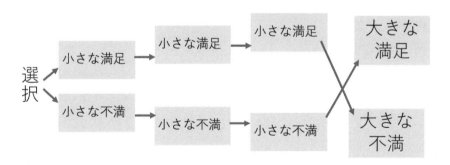

　これにはさわらないで，ここには入らないでといった言い分は守ってあげることが必要です。これは子どもの心を大切にしてあげていることと同じです。どうしても無理な場合は，話し合って互いが納得できるルールを設けることが必要です，その際には子どもの選択を最大限尊重するようにしましょう。

傷ついた動物が自分の巣の中で休み回復するように，子どもも自分のテリトリーでくつろぎ充電します。その場が奪われると家の中に居場所を感じられなくなるのです。

子どもの柔軟さを育むために

　頭が柔軟であることの反対は何でしょう。硬直，頑固といった言葉が浮かぶかもしれません。

　かつてダーウィンは次のような意味のことを言いました。

　生き残るのは最も強い種でもなく，最も知的な種でもなく，変化に適応できる種である。

　柔軟に適応することを子どもに学ばせるためには，どうしたらよいでしょうか。思考というのは言葉で出来ています。普段よく使う言葉は考え方にも影響を与えます。そして子どもは身近な人の言葉や口癖を知らず知らずのうちに身に着け，考え方もつくりあげていきます。

　そうであるのなら，まず大人が使う言葉に気をつかう必要があります。

　絶対に〇〇だ！

　あの人はこういう人だ！

　〇〇なんてありえない！

　そういった決めつける言葉は，思い込みをつくっていきます。次のように言い換えてみてはいかがでしょうか。

　絶対に〇〇だ

　↓

　私は〇〇だと思う。そうでない場合もあるだろうけど。

あの人は〇〇だ

　↓

あの人にはこういう面もある。そうでない面もあるだろうけど。

〇〇なんてありえない

　　↓

〇〇ということも世の中にはある。あってほしくはないけれど。

　遊びの中でこういった思考を身に着けさせることも出来るかもしれません。10パズルという遊びがあります。与えられた4桁の数字を使って四則計算によって，答えが10になるものをつくるというものです。

　3458という数字なら

　$3 + 4 - 5 + 8 = 10$

　$3 + 5 + 8 \div 4 = 10$

といったものです。他にも10数種類の答えがあります。

　こういった思考に慣れておけば，何かで行き詰まったときに，「もう無理，おしまいだ」ではなく「他にも方法があるのではないだろうか」と考えやすくなるかもしれません。

第8章
やり方よりもあり方

真面目過ぎる大人は子どもを苦しめる

　真面目な人。

　そう聞くとどんなイメージを抱くでしょうか。真面目であることは，長らく日本社会で大切にされていた美点です。

　では真面目過ぎる人と聞くと，どんなイメージでしょうか。

　それは融通が利かなかったり，頑固であったり，周囲を少し困らせるかもと思った人もいるでしょう。

　ではあなた自身はどんな人でしょう。そう聞かれたときに自分が思うイメージと他からのイメージが違うこともよくあります。

　基本的には真面目な人ほど求める要求レベルが高くなるので，自分自身を不真面目な人間だととらえがちです。反対に不真面目な人は，自分のことを真面目だと思うことも多々あります。自己イメージと客観的なイメージの逆転はよくあるのです。

　あなたは次のどこに位置するでしょうか。客観的なイメージも大切にしながら考えてみましょう。

　真面目過ぎる　真面目　ほぼ真面目　やや真面目
　やや不真面目　ほぼ不真面目　不真面目　不真面目過ぎる

　では子どもはどこに位置するでしょうか。不登校の子どもは不真面目で学校に行かないのではなく，真面目過ぎる場合が多いものです。融通が利かなくて頑固という場合です。

　そんな子どもに接する時は，大人自身が要求レベルを下げることです。そうでなければ，子どもが自信を持ちにくくなるのです。

　そして次頁の図のように自分自身の基準を不真面目の側にスライドします。

　自分のことを「ほぼ真面目」と思うのであれば「やや不真面目」あたりに，

「不真面目」だと思うのであれば，「不真面目過ぎる」へとずらします。そこに生まれてくるのは寛容さです。寛容にされていると子どもは，他に対しても寛容になります。やがて，その寛容さが本物になれば自分自身にも寛容になるはずです。

自分自身の基準を左にずらす

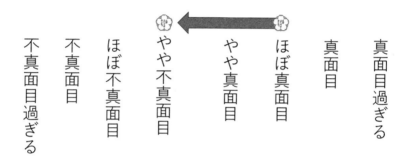

不真面目過ぎる　不真面目　ほぼ不真面目　やや不真面目　やや真面目　ほぼ真面目　真面目　真面目過ぎる

　寛容さとは「これしかない」とすぐに思うのではなく，「これもある」「あれもある」と複数の選択肢をOKと思うことです。
　寛容になるためには，まず大人が自分の言葉を絶対なものだととらえないことです。子どもに対するアドバイスも，ひょっとしたら正反対のアドバイスで伸びる子どももいるかもしれません。
　「まあ，それもありかな」と思える余裕が必要です。
　何が何でも学校に行かなくてはならない。
　行く場合は，朝から帰りまで学校にずっといなくてはならない。
　こう考えていると，再登校のためのプレッシャーが強まります。また実際の登校の手段が極度に制限されてしまいます。
　まあ，学校に行けない日があっても仕方がないよね。
　行く場合は，朝から全部ではなく，行きやすい時間だけ行けたらいい。

こういった余裕のある考えは，実際に子どもの行動をとりやすくします。

欲求は伝染する

外に出たくない。誰にも会いたくない。

子どもがこんな状況にあると，特に親は，そのことを人に知られたり，聞かれたりすることが嫌なので，親自身も誰にも会いたくないという気持ちになりがちです。

社会的ひきこもりでは，そんな状況を親子二重のひきこもりと呼びます。

社会が不登校を親の責任だと考える風潮が強ければ，確かに出にくいものになるでしょう。でも知らず知らずのうちに子どもの感じている欲求がうつっていることはないでしょうか。

職場で車を買う人が多ければ，自分も買いたくなる。旅行に行く人が多ければ，旅行に行きたくなる。そういったことはよくあることでしょう。つまり欲求は伝染するのです。一昔前であれば，ひょっとしたら今でもそうかもしれませんが，子どもが不登校で親が趣味などで外出すると，「そんなことをしている場合か，そうだから子どもが行けないんだ」といった偏見のまなざしを持つ人が多かったかもしれません。

しかし，不登校であればこそ，親が趣味で外出するのは奨励されるべきことではないでしょうか。親が安心して出かける先があって，外出したいなあという欲求があるのは望ましいことです。欲求は伝染するからです。外に行って，「ああ，つかれた。仕方なく行ったんだよね」といった言葉を発していると，子どもも外に出たくなくなります。外出して，帰宅した際には，なるべく明るく楽しそうな表情でいることをお勧めします。すると子どもに「家の外に行くことは楽しいことなんだ」というイメージを与えることが出来るからです。特に学校に行ったときなどは，ため息とともに帰宅ではなく，「ああ，楽しかった」という雰囲気を醸し出すことが必要です。

不登校の子どもと相性の悪い大人のタイプ

これまで子どもの問題が起きたときに，大人の愛情不足だという声が少なからずありました。昨今は，愛情不足で起きる問題より，むしろ愛情が過剰であることで起きる問題の方が多いのかもしれません。愛情が多くて何が問題なのかと思われるでしょうが，それは大人の考える形の愛情が過多であるということです。良かれと思ってしたことが子どもを苦しめる場合です。

こうなると愛情の問題というよりは，相性の問題になってきます。ではどんなタイプの大人が不登校の子どもと相性が悪いのでしょうか。

まずは，ものごとを白か黒かと二分割にして考える大人です。いわゆる白黒思考です。白黒思考であるとグレーの部分が目につきにくくなります。

不登校で家にいても，その状態は様々です。それを学校に行くか家にいるのかと二分割でとらえてしまうと，変化を見落としてしまいます。家にいても確実に一歩を進んでいるという子どもに，「まだ学校に行かないのか」という目で見てしまう状態です。子どもに寄りそうということは，子どもの状態とともに動くということになるでしょう。微妙な変化がキャッチできないと，寄りそうことが難しくなるのです。

次にネガティブケイパビリティーが低い大人です。これはネガティブな状態，もやもやする状態に耐えられる能力です。早くはっきりしてほしい。いつまでもこの状態が続くのは嫌だと感じる状態です。

そういった大人は不登校状態に対して，早く何とかしてほしいという気持ちがより強くなります。耐えられないから，子どものペースに合わせることや待つことが出来ません。つねに子どものペースを越えたものを要求することになってしまいます。

他にも，論争が好きなタイプや相手の気持ちを察するのが苦手なタイプ，様々なタイプが考えられます。肝心なことは子どもを自分に合わせようとす

るのではなく，自分が子どもに合わせようとすることです。

あれもこれも本当の自分

　あの子は，そんな子じゃないんです。悪い子にそそのかされただけなんです。

　一昔前のドラマで，こんなセリフを見た覚えがあります。問題を起こした子どもをかばう親のセリフです。これは子どもには，本当の姿があるという考えが前提になっています。

　小説家の平野啓一郎氏は分人という考えを提唱しています。人には対人関係ごとに異なる人格があり，それを分人と名づけています。個人は分人の集合体なのです。そしてその分人は，どれも本当の自分なのです。

　職場や学校での自分，親しい友人といるときの自分，家庭での自分。どれも自分であることに変わりはありませんが，それぞれ異なった自分であることでしょう。

　不登校は，学校での自分という分人が機能不全な状態と言えるかもしれません。周りはどう思っているのだろうという不安で学校にいる自分，学校での対人関係における自分が，その場にいることが耐えられなくなっている状態です。

　教室に入れなくても，様々な良好な人間関係を持つことが出来れば，その子のエネルギーは回復しやすいでしょう。反対に周囲が学校に行かないことを責め立てる人間ばかりだとどうでしょう。その子はますます自分の殻に閉じこもり元気をなくしていくはずです。

　もしも学校の先生が「不登校は怠けだ」と思っていれば，相談室で教室に入れない生徒同士が談笑していると，「怠けておしゃべりしているとは何事か」「そんなに元気なら教室に行きなさい」と思うかもしれません。そういう意識で接していると，子どもはどんどん元気がなくなっていきます。

　教室に入れない生徒同士が談笑するというのは，とても大切なことです。

同世代の人間とのかかわりのリハビリをしているようなものなのです。人は関係によって癒され，元気になるのです。

　不登校は教室における分人の機能不全であり，ふるまい方がわからない状態と述べました。相談室など教室外で同世代の人間と楽しく過ごせれば，その人格を教室に持ち込むことも可能になるはずです。

　「教室にいるときは普通の顔をしていたのに，どうして教室に入れないんだ」と言う声もよく耳にします。これは教室にいるときは，緊張して普通の顔をつくっているけれど，一旦帰宅すると，その緊張に立ち向かう意欲がないということではないでしょうか。

　いずれにせよ，人にはいろいろな面があり，簡単に決めつけることには無理があるのです。

子どもの願いと大人の願いを分けて考える

　不登校の回復には，子どもと大人が良好な関係でいることが必要です。常に言い合いをするとか口も聞かない冷戦状態では，子どもの心のエネルギーがたまらないからです。

　関係を良くするためには，大人と子どもが適度な距離を置くことも大切です。それが出来ない大きな理由は，大人の願いの強さです。

　子どもは不登校状態になったとき，一番の願いは学校に行きたくないということです。とはいっても，ずっと行かないという選択を望む子どもはほとんどいません。

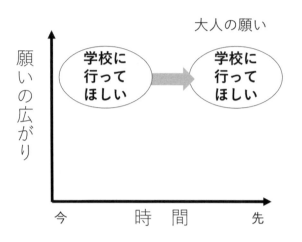

いつかは行きたい気持ちになるかもしれないけれど，自分の気持ちや願いがどう変化するかは自分でもわかりません。

それに対し，大人の願いは初めから子どもに学校に行ってほしいというものです。

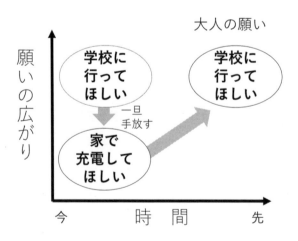

　子どもと大人の願いを比べたときに，いつかは一致するときが来るかもしれませんが，現在の時点では一致することはありません。

　現在只今の願いが一致しないまま両者が接していても，言い争いになってしまうのは目に見えています。今，この瞬間に大人が，子どもの願いに寄せていく必要があります。

　「学校に行ってほしい」という大人の思いを一旦手放して，「今は家で充電してほしい。そしていつか元気な時期になれば動き出してほしい」というふうに大人が歩み寄ることです。

　そうすれば子どもと大人が協働することが出来ます。良好な関係を築くことも出来るのです。

世界の美しさと自分自身の価値を教える

　社会的ひきこもりの人の中には，社会を否定する人が少なからずいるそうです。そして「こんな腐った世の中に自分が出ていく意味はない。」といったことを口にします。

　この言葉を聞いたら，あなたはどんな言葉を伝えたくなるでしょうか。

　この言葉は，きっと自分自身を否定する言葉から生まれています。ダメな自分と向き合うのがつらいと，周囲もダメなものにしておきたくなります。でも本音は違います。「ダメな自分が社会に出ていくと周囲に迷惑をかけるし，そんな力もないから」というのが本音に近いのではないでしょうか。

　学校に行けない子どもにはぜひ「世界の美しさ」と「自分自身の価値」を教えたいものです。

　世界の素晴らしさ，世界にある美しいものを大人自身が発見する必要があります。大人は子どもに対して，世の中には，こんな怖いことや悪いことが

あるということを教えます。それは愛情からです。そんなことに出会ってほしくないからです。でも考えてみてください。もしそのことばかり子どもに教えたら，子どもは世の中に出ていこうと思うでしょうか。ずっと安心な家にいたいと思うのではないでしょうか。私たちは世界の素晴らしさをどれくらい子どもに伝えているでしょうか。

　外から家に帰ってきたときに，疲労感だけでなく充実感も伝えているでしょうか。

　子どもの自己肯定感を高めるために，子どもに募金をさせることも大切なことです。こつこつと募金をする習慣のある子がいたとします。そのお金で世界の誰かが救われたことがあるとします。

　そういう子が学校に行けなくなって，「自分なんていなくなった方がましだ。価値なんかない。」と言ったとします。そのときに，「あなたは今まで募金で世界の誰かを救ったことがあるんだよ。そんなあなたに価値がないはずがないでしょ」と思いを込めて言い切ることが出来るのです。もしそう言われたら，「もっと頑張って世の中の人を助けたいな」と目標を持つことが出来るかもしれません。

　「学校に行っていないからこの子はダメな子」というわけではなく，どんな状態でも子どもは子どもで，いつでも大人から認められることが必要です。その言葉を出し惜しみせず，自分自身の価値を信じられるようにしたいものです。

　自分自身の価値と世界の美しさの有無を組み合わせると次頁の図のようになります。

　外に出かける意味や出かけたいと思える組み合わせは，両者に価値を見出したときだけなのです。

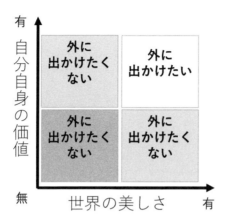

　とかく大人は社会の厳しさと子ども自身の甘さを指摘しがちです。しかし，それだけでは，世の中に出ていこうという思いはくじかれてしまうのではないでしょうか。世界の美しさと自分の価値を教えること，これは大人の大切な役目なのです。

おわりに

もうあの人に会えない
そう考えてみる
寂しくてたまらない
だから人は終わりを考えたがらない

でも自分から
誰にも会わないことや
会えなくなることを
選ぶ子どもたちもいる
それは　きっと
世界の美しさや
自分の素晴らしさを
知らないせい

子どもたちに
それを知らせるのは大人の役割
でも毎日の暮らしの中
大人自身も忘れている
そして
たくさんの美しさや素晴らしさが
ひっそりと眠っている

だから大人一人分だけ
子どもたちに

世界の美しさと
自分の素晴らしさを
伝えたい
誰かに会いに行きたい
そんな朝を迎えられるように

　本書はこんな思いで執筆に取り組みました。内容そのものについては長い時間をかけて自分の中に醸成されたものですが，表現には気持ちが先走って，十分に意が伝わらないものもあるかもしれません。

　拙著『WHY と HOW でよくわかる！不登校　困ったときの対応術40』（明治図書出版）も併せてお読みいただけると幸いです。

　失意や孤独の中にある子どもが，多くの大人に支えられながら，自分の素晴らしさや世界の美しさに気づいてくれることを願っています。

明日の僕に／Glück を聴きながら　千葉　孝司

【著者紹介】

千葉 孝司（ちば こうじ）

1970年，北海道生まれ。30年あまりの公立中学校教諭を経て，
CHIBA T LABO 代表として，いじめ防止や不登校等に関する
啓発運動に取り組む。ピンクシャツデーとかち発起人代表とし
て，カナダ発のいじめ防止運動ピンクシャツデーの普及にも努
めている。

〔メディア出演〕
テレビ番組　NHK　E テレ「いじめをノックアウトスペシャ
ル11」2018年
ラジオ番組　FM-JAGA「きっと大丈夫〜ピンクシャツデーと
かち RADIO」2018年

〔著書〕
『不登校指導入門』（明治図書，2014年）
『WHY と HOW でよくわかる！いじめ　困った時の指導法40』
（明治図書，2019年）
『WHY と HOW でよくわかる！不登校　困った時の対応術40』
（明治図書，2019年）
絵本『空気マン』（絵：廣木旺我）（なごみすと，2018年）他

令和型不登校対応マップ
ゼロからわかる予防と支援ガイド

2024年6月初版第1刷刊 ©著 者	千 葉 孝 司
2024年9月初版第2刷刊　発行者	藤 原 光 政
発行所	明治図書出版株式会社

http://www.meijitosho.co.jp
（企画）及川　誠（校正）安田皓哉
〒114-0023　東京都北区滝野川7-46-1
振替00160-5-151318　電話03(5907)6703
ご注文窓口　電話03(5907)6668

＊検印省略　　　組版所 中　央　美　版

Printed in Japan　　　ISBN978-4-18-241127-4
もれなくクーポンがもらえる！読者アンケートはこちらから

→

クラスを支える
愛のある言葉かけ

山田 洋一 著

「子どもとうまくいっていない」「授業がうまく進められない」いつでも語られる教師の悩みは、教師の言葉かけが原因の一つとなっていることがあります。「こうあるべき」からスタートするのではなく、根底に愛を感じる相手が受け取りやすく効果のあがる言葉かけ集です。

A 5 判 144 ページ／定価 1,936 円(10% 税込)
図書番号 3554

明日も行きたい教室づくり
クラス会議で育てる心理的安全性

赤坂 真二 著

いじめや不登校、学級の荒れなど教室に不安を抱える児童生徒は少なくありません。子どもが明日も行きたくなる教室づくりに必要なのは「心理的安全性」です。アドラー心理学の考え方に基づくアプローチとクラス会議を活用した「安全基地」としての教室づくりアイデア。

A 5 判 208 ページ／定価 2,376 円(10% 税込)
図書番号 3292

スペシャリスト直伝！
社会科授業力アップ成功の極意
学びを深める必須スキル

佐藤 正寿 著

好評のスペシャリスト直伝！シリーズ「社会科授業力アップ」編。学びを深める必須の授業スキルを、教材研究と多様な学びの生かし方もまじえて、授業場面を例にはじめの一歩から丁寧に解説。授業のスペシャリストが子どもが熱中する授業の極意を伝授する必携の1冊です。

A 5 判 136 ページ／定価 1,760 円(10% 税込)
図書番号 2899

シェアド・リーダーシップで
学級経営改革

赤坂 真二・水流 卓哉 著

「シェアド・リーダーシップ」は、それぞれの得意分野に応じて必要なときにリーダーシップを発揮する考え方です。能力に凸凹のある子ども達が、それぞれの強みを生かしてリーダーシップを発揮していける「全員がリーダーになり活躍できる」学級経営の秘訣が満載です。

A 5 判 216 ページ／定価 2,486 円(10% 税込)
図書番号 4209

明治図書　携帯・スマートフォンからは **明治図書 ONLINE へ**　書籍の検索、注文ができます。▶ ▶ ▶

http://www.meijitosho.co.jp　＊ 併記4桁の図書番号（英数字）で、HP、携帯での検索・注文が簡単に行えます。

〒 114-0023　東京都北区滝野川 7-46-1　ご注文窓口　TEL 03-5907-6668　FAX 050-3156-2790